城市轨道交通"英"系列技能教材

城市轨道交通行车调度员

CHENGSHI GUIDAO JIAOTONG XINGCHE DIAODUYUAN

主编 陆文学 王志强
参编 王智永 刘建坤 吴军斌 陈 城
　　 徐 静 蔡孺孺 张 辉 朱明仪
　　 倪 骏 徐 慎 薛 琳

苏州大学出版社
Soochow University Press

图书在版编目(CIP)数据

城市轨道交通行车调度员 / 陆文学, 王志强主编. --苏州：苏州大学出版社, 2023.7
城市轨道交通"英"系列技能教材
ISBN 978-7-5672-4359-0

Ⅰ.①城… Ⅱ.①陆… ②王… Ⅲ.①城市铁路-调度-职业培训-教材 Ⅳ.①U239.5

中国国家版本馆 CIP 数据核字(2023)第 119472 号

书　　名：	城市轨道交通行车调度员
主　　编：	陆文学　王志强
责任编辑：	管兆宁
装帧设计：	刘　俊
出版发行：	苏州大学出版社(Soochow University Press)
社　　址：	苏州市十梓街1号　邮编：215006
印　　装：	苏州市深广印刷有限公司
网　　址：	http://www.sudapress.com
邮购热线：	0512-67480030
销售热线：	0512-67481020
开　　本：	787 mm×1 092 mm　1/16　印张：14.25　字数：312千
版　　次：	2023年7月第1版
印　　次：	2023年7月第1次印刷
书　　号：	ISBN 978-7-5672-4359-0
定　　价：	60.00元

若发现印装错误，请与本社联系调换。
服务热线：0512-67481020
苏州大学出版社邮箱　sdcbs@suda.edu.cn

城市轨道交通"英"系列技能教材编委会

主　任	金　铭
副主任	史培新
编　委	陆文学　王占生　钱曙杰　楼　颖
	蔡　荣　朱　宁　范巍巍　庄群虎
	王社江　江晓峰　潘　杰　戈小恒
	陈　升　虞　伟　刘农光　蒋　丽
	李　勇　张叶锋　王　永　王庆亮
	查红星　胡幼刚　韩建明　冯燕华
	鲍　丰　孙田柱　凌　扬　周　礼
	毛自立　矫甘宁　凌松涛　周　赟
	姚海玲　谭琼亮　汪一鸣　姚林泉
	金菊华　王志强　俄文娟　崔建荣

序

习近平总书记指出:"城市轨道交通是现代大城市交通的发展方向。发展轨道交通是解决大城市病的有效途径,也是建设绿色城市、智能城市的有效途径。"习近平总书记的重要讲话指明了城市轨道交通的发展方向,是发展城市轨道交通的根本遵循。

当前,城市轨道交通正在迈入智能化的新时代。对此,要求人才培养工作重视高素质人才、专业化人才的培养和广大员工信息化知识的普及教育。如何切实保障城市轨道交通安全运行?如何提升城市轨道交通的服务质量和客户满意度?如何助推交通强国建设?这是摆在我们面前的重要任务。

苏州是我国首个开通轨道交通的地级市,多年来,苏州市轨道交通集团有限公司坚持以习近平新时代中国特色社会主义思想为指导,牢记"为苏州加速,让城市精彩"的使命,深入践行"建城市就是建地铁"的发展理念,坚持深化改革和推动高质量发展两手抓,在长三角一体化发展、四网融合、区域协调发展等"国之大者"中认真谋划布局苏州轨道交通事业,助推"区域融合",建立沪苏锡便捷式、多通道轨道联系。截至2023年,6条线路开通运营,运营里程突破250千米;在建8条线路如期进行,建设总里程达210千米。"十四五"时期是苏州轨道交通发展的关键期,面对长三角一体化发展、面对人民群众的期盼,苏州轨道交通事业面临各种挑战和机遇,对人才队伍的专业技能和整体素质也提出了更高要求。

苏州轨道交通处于建设高峰期,对人才的需求更加迫切。苏州市轨道交通集团有限公司一直高度重视人才培养和高素质人才队伍建设,特别推出了城市轨道交通"慧"系列管理教材和"英"系列技能教材。

"慧"系列管理教材包括管理基础、管理能力、管理方法、创新能力、企业文化等方面的内容，涵盖了从管理基础的学习到创新能力的培养，从企业文化的塑造到管理方法的运用，为城市轨道交通行业的管理人员全面、系统地学习管理知识和提升管理能力提供了途径。

"英"系列技能教材包括行车值班员、行车调度员、电客车司机、安全实践案例分析、消防安全等方面的内容，为城市轨道交通行业的从业人员技能培训和安全意识提升提供了途径，为城市轨道交通行业的安全和服务质量提供了重要的保障。

这两个系列教材，顺应轨道交通事业发展要求，契合轨道交通专业人才特点，聚焦管理基础和技能提升，融合管理资源和业务资源，兼具苏州城市和轨道专业特色，具有很好的实践指导性，对于促进企业管理水平提升、培养高素质管理人才和高水平技能人才将会起到实实在在的推动作用。

这两个系列教材可供轨道交通相关企业培训使用，也可作为院校相关专业教学用书。

这两个系列教材凝聚了编写组人员的心血，是苏州轨道交通优秀实践经验的凝练和总结。希望能够物尽其用，充分发挥好基础性、支撑性作用，促进城市轨道交通技能人才培养，推动"轨道上的苏州"建设，助力"强富美高"新苏州现代化建设，谱写更加美好的新篇章。

中国城市轨道交通协会常务副会长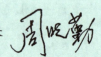

前言 Preface

伴随着我国城市化进程的加速，城市交通问题日益加剧。鉴于轨道交通的安全、准点、节能、环保和运能大等特点，发展以轨道交通为骨干的城市公共交通系统已成为解决城市交通问题的共识。城市轨道交通在我国各城市的快速发展和建设，逐渐成了缓解城市拥堵、改善人民出行条件、提供就业机会、推动资源整合、促进国民经济发展的重要行业。截至2022年年底，我国（不含港、澳、台地区）开通城市轨道交通的城市共55座，运营里程达10 287.45千米。快速发展的城市轨道交通，带来了巨大的人才需求，当前运营管理人才非常紧缺，结合这种实际情况，如何构建完善、科学、先进的人才培养体系，快速、高效地培训优秀的轨道交通运营管理人员，将关系到轨道交通的安全运营和未来发展。

行车调度是城市轨道交通运营工作中的关键岗位，承担着轨道交通运营指挥、行车组织和应急处置的重要任务。培养一个优秀的行车调度员（简称"行调"）不仅需要科学规划、统一标准和完善体系，更需要考虑到该工种业务的特殊性，形成在实践中学习，在学习中实践的培训模式。本书基于城市轨道交通行车调度员的岗位实际，以国家、行业标准规范和苏州市轨道交通集团有限公司各项规章为基础，从专业基础知识、行车组织和应急处置流程等方面对岗位的工作做了详细的介绍，整合了覆盖非全自动线路和全自动线路下的行车调度工作处置流程，基本做到了内容广泛、联系实际、来源可靠，形成了完整、科学的行车调度工种的培训体系。

本书由苏州市轨道交通集团有限公司和苏州大学轨道交通学院共同组织

编写。编写过程中，编者参阅了国内外大量文献资料，在此，我们对相关作者表示衷心感谢。本书的编写和出版得到了苏州市轨道交通集团有限公司、苏州大学轨道交通学院、苏州大学出版社的大力支持，在此也一并表示感谢。鉴于行业习惯和实际表达需要，书中许多专业术语使用了缩写和简写，并在附录提供了注释。

鉴于水平和经验上的局限性，书中错漏之处在所难免，期待广大读者和同行批评指正，提出宝贵意见。

编 者

目录 CONTENTS

第一篇　线路篇

项目一　行车相关基础知识 ········· 3
知识学习 ········· 3
　一、行车 ········· 3
　二、客运 ········· 11
　三、车辆 ········· 11
　四、供电 ········· 13
　五、机电 ········· 14
　六、工务 ········· 17
　七、通号 ········· 19
项目训练 ········· 21

项目二　行车设备介绍 ········· 22
知识学习 ········· 22
　一、信号系统介绍 ········· 22
　二、机电类设备介绍 ········· 34
　三、全自动线路车辆调系统介绍 ········· 36
　四、全自动线路乘客调系统介绍 ········· 41
技能实训 ········· 47
　实训1　车辆故障时，全自动线路车辆调系统操作 ········· 47
　实训2　乘客按压"紧急呼叫"按钮的处置 ········· 47
　实训3　全自动线路信号系统的远程命令练习 ········· 47
　实训4　信号系统道岔短闪的处置 ········· 48
项目训练 ········· 49

项目三　日常工作交接 ... 51

知识学习 ... 51
一、行调分工及工作交接 ... 51
二、工作内容 ... 54

技能实训 ... 58
实训　行调分工及工作内容实践 ... 58

项目训练 ... 59

项目四　正常行车组织 ... 60

知识学习 ... 60
一、运营前检查 ... 60
二、列车出场组织 ... 62
三、列车接发车作业 ... 63
四、列车回场组织 ... 64
五、列车过线组织 ... 65
六、全自动线路工作模式 ... 66

技能实训 ... 70
实训　回场安排及次日出场表排列 ... 70

项目训练 ... 72

项目五　非正常行车组织 ... 73

知识学习 ... 73
一、电客车未停在停车标的行车组织 ... 73
二、站台门故障处置 ... 74
三、行车调整方式 ... 75
四、特殊情况下列车行车组织 ... 77
五、全自动线路工作模式 ... 79

技能实训 ... 82
实训1　车门与站台门异物检测报警且无法恢复处置 ... 82
实训2　列车 ABCU 冗余失败处置 ... 82
实训3　区间疏散的实施 ... 82
实训4　非全自动线路中站台门故障的处置 ... 83
实训5　场景操作训练 ... 83

项目训练 ··· 84

项目六　施工组织 ··· 85

知识学习 ··· 85
一、施工计划审批 ··· 85
二、施工预想作业 ··· 88
三、书面调度命令发布作业 ··· 88
四、正线接触网停送电作业 ··· 89
五、工程车/调试车出回场组织作业 ··· 90
六、A类施工请销点作业 ··· 91
七、B类施工请销点作业 ··· 94

技能实训 ··· 97
实训　施工计划排错训练 ··· 97

项目训练 ··· 102

项目七　故障及应急处置 ··· 103

知识学习 ··· 103
一、信号类故障应急处置 ··· 103
二、车辆类故障应急处置 ··· 106
三、供电类故障应急处置 ··· 115
四、火灾应急处置 ··· 119
五、自然灾害类应急处置 ··· 123
六、基础设施损坏应急处置 ··· 126
七、突发事件应急处置 ··· 131

技能实训 ··· 138
实训　故障场景处置演练 ··· 138

项目训练 ··· 140

第二篇　线网篇

项目八　线网运行状态监视 ··· 143

知识学习 ··· 144
一、线网行车监视 ··· 144

二、线网客流监测 ………………………………………………… 145
　　三、线网设备监视 ………………………………………………… 146
　　四、每日运行图计划偏离情况统计分析 …………………………… 147
　　五、行车指标统计监察 …………………………………………… 148
技能实训 ……………………………………………………………… 151
　　实训　运行图指标计算 …………………………………………… 151
项目训练 ……………………………………………………………… 153

项目九　线网运营信息收发

知识学习 ……………………………………………………………… 155
　　一、线网运营信息收发原则 ……………………………………… 155
　　二、线网运营日常生产运输组织信息收发 ………………………… 155
　　三、线网突发运营事件应急信息收发 ……………………………… 156
　　四、线网运营日报编制 …………………………………………… 157
　　五、预警信息发布 ………………………………………………… 158
　　六、线网调度命令发布 …………………………………………… 158
　　七、线网重要运营信息提示收发 ………………………………… 161
　　八、临时运营组织调整方案发布 ………………………………… 161
　　九、面向公众的对外运营信息发布要求 ………………………… 164
技能实训 ……………………………………………………………… 167
　　实训　疫情应对训练 ……………………………………………… 167
项目训练 ……………………………………………………………… 168

项目十　线网应急调度指挥

知识学习 ……………………………………………………………… 169
　　一、日常应急信息管理 …………………………………………… 169
　　二、应急响应的启动、变更与终止 ………………………………… 172
　　三、线网应急会商 ………………………………………………… 174
　　四、线网大客流监督管控与应急处置 …………………………… 175
　　五、恶劣天气应急处置 …………………………………………… 177
　　六、公交接驳应急处置 …………………………………………… 178
　　七、自然灾害、公共卫生事件、社会安全事件应急处置 ………… 179
　　八、线路发生重大故障应急处置 ………………………………… 181
　　九、线网突发治安事件应急处置 ………………………………… 182

十、应急演练组织 ·· 183
　技能实训 ··· 185
　　实训1　公交接驳演练 ·· 185
　　实训2　突发大客流演练 ·· 185
　项目训练 ··· 187

项目十一　线网对内、对外联络协调 ································ 188

　知识学习 ··· 188
　　一、线网对内联络协调 ·· 188
　　二、线网对外联络协调 ·· 189
　技能实训 ··· 190
　　实训　NCC对内、对外联络协调演练 ··························· 190
　项目训练 ··· 191

部分参考答案 ··· 192

附录　部分专业术语对照表 ·· 211

第一篇

线路篇

项目一　行车相关基础知识

学习目标

(1) 掌握行车基本知识；
(2) 掌握客运、车辆、供电、机电、工务、通号等与行车相关的知识；
(3) 了解与安全生产相关的法律法规。

技能目标

(1) 掌握行车闭塞法的基本知识、原理；
(2) 掌握进路办理方法；
(3) 掌握列车接发作业方法。

知识学习

一、行车

（一）行车术语及其定义

轨道交通行车相关的设施设备和术语概念很多，其中主要部分汇总如下：

1. 运营时刻表

运营时刻表是指列车从车场出回、在车站到发（或跳停）及折返时刻的集合表。

2. 列车运行图

列车运行图是运营时刻表的图解，它以纵轴表示距离，以横轴表示时间，以斜直线段和规定符号表示各种列车的运行线。

3. 列车

被赋予列车车次，且在正线及其辅助线运行的车组，称为列车。苏州轨道交通列车等级由高至低依次为专运列车、载客列车、空驶列车、调试列车和其他列车。开往事故现场的抢修救援列车，在确保乘客安全的前提下，应优先办理行车。

4. 车组

机车、车辆等按一定的条件、方式、用途编挂在一起称为车组。轨道交通车组主要包括电客车、工程车两种，其中电客车是由机车和拖车按照规定方式编挂起来，能够满足运营载客需要的车组。工程车是由机车和工程车辆编挂而成的车组（含机车、接触网检修车、公铁两用车等单机）。

5. 运用车

运用车是指用于正线运营的电客车和备用车。

6. 备用车

备用车是指符合上线运营标准，随时满足上线替换故障列车或临时加开上线的电客车。

7. 调试车

调试车是指用于本身设备调试或配合其他专业设备调试作业的电客车。

8. 检修车

在基地内进行大修、中修、架修各种检修及临修的车辆统称为检修车。

9. 关门车

关门车是指为保证车内货物的运输安全或因车辆制动系统故障而关闭制动支管上的截断塞门，使自动制动机失去制动作用的车辆。

10. 超限车

装载的货物超出机车、车辆限界的车辆统称为超限车。

11. 正线

载客列车运营的贯穿全程的线路称为正线。

12. 辅助线

除正线外，在运行过程中为列车提供接发车、折返、联络、安全保障、临时停车等功能服务，通过道岔与正线相互联络的轨道线路称为辅助线，也称为配线，包括出入段线、联络线（连接两条独立运营线路之间的线路）、折返线（具备列车折返功能的线路）、停车线（允许停放列车的线路）、渡线（连接上下行正线、折返线、停车线等之间的线路，分交叉渡线和单渡线）。

13. 车场线

车场线包括车辆段或停车场出回场线、运用和检修库线、工程车和轨道车库线、洗车线、吹扫线、镟轮线、试车线（对车辆进行动态性能试验的线路，其线路标准通常与正线一致）、平板车停放线、待修车和修竣车存放线、走行线、牵出线及相应渡线等。

14. 头端界

头端界是指出站信号机对应的位置。

15. 尾端界

当尾端有信号机时，尾端界规定为尾端信号机对应的位置；当尾端无信号机时，尾端界规定为邻线出站信号机平齐的位置。

16. 限界

限界是指限定车辆运行及轨道周围构筑物超越的轮廓线。限界分车辆限界、设备限界和建筑限界三种。

17. 车辆限界

车辆限界是指车辆在直线上正常运行状态下所形成的最大动态包络线，用以控制车辆制造及制定站台和站台门的建筑限界。

18. 设备限界

设备限界是指车辆在故障运行状态下所形成的最大动态包络线，用以限制行车区的设备安装。

19. 建筑限界

建筑限界是指在设备限界基础上满足设备和管线安装尺寸后的最小有效断面。沿线建筑物横断面，包括测量误差值、施工误差值及结构永久变形量均不得侵入此限界。建筑限界分为隧道建筑限界、高架建筑限界、地面建筑限界。

20. 联锁

联锁是指信号系统中的信号机、道岔和进路之间建立一定的相互制约、相互联系的关系。例如，进路防护信号机在开放前应确保进路空闲、道岔位置正确及敌对进路未建立；信号机在开放后，道岔不能动等。

21. ATC 系统

ATC 系统是指列车自动控制系统。

22. ATP 系统

ATP 系统是指列车自动保护系统。

23. ATO 系统

ATO 系统是指列车自动驾驶系统。

24. ATS 系统

ATS 系统是指列车自动监控系统。

25. CBTC 系统

CBTC 系统是指基于通信的列车控制系统。

26. 驾驶模式

驾驶模式是指司机驾驶电客车所采用的模式。

27. IBP

IBP 即综合后备盘，设于车控室控制台上，设有扣车、取消扣车、紧急停车、取消紧急停车等按钮，与站台紧急停车按钮相连通。

28. 站台紧急停车按钮

站台紧急停车按钮（EMP）设于站台柱墙上和站台监控亭，与车控室 IBP 上的紧急停车按钮相连通，当发现行车不安全时，可立即按压以控制电客车紧急停车。

29. 信号机前后方

信号机前方（外方）：信号机机构正面所对的方向；信号机后方（内方）：信号机机构背面所对的方向。如前方●○○后方。

30. 轨道电路分路不良

轨道电路分路不良，即当有电客车或工程车占用轨道区段时，微机联锁控制台没有显示占用或者没有可靠显示占用。

31. OCC

OCC 是指（轨道交通）运营控制中心。

32. 车场

车辆段和停车场统称为车场。

33. CCTV

CCTV 是指闭路电视监视器（设在站台头端界、车站控制室、OCC 等处所）。

34. 刚性接触网

将传统断面的接触网导线镶嵌在铝合金汇流排上，再悬挂于轨道上方给列车传输电能的架空线路。

35. 柔性接触网

在轨道上方由接触线、承力索、馈线、架空地线等组成并向列车传输电能的架空线路。

36. 闭塞

闭塞是指列车进入某区域后，通过信号设备或人工控制使之与其他区域隔离，区域两端都不能向该区域发车，以防止列车相撞和追尾。

37. 行车闭塞法

行车闭塞法是通过闭塞使列车与列车相互间保持一定间隔，以保证列车安全运行的行车方法。

38. 行车凭证

列车进入闭塞区域的凭据称为行车凭证。

39. 接发列车作业

根据行车闭塞方式及技术设备条件，按照规定的程序办理正线列车进站、停站（跳停）、发车的过程称为接发列车作业。

40. 引导接车

列车退行时，车站使用引导手信号进行接车称为引导接车。

41. 跳停

跳停是指列车不停车经过车站的过程。

42. 排空

专指列车不载客。默认情况下排空列车沿途跳停，若需停站按行调命令执行。

43. 推进

推进是指在尾端驾驶室操纵电客车运行，机车或电客车在尾部推动其他车组运行。

44. 退行

退行是指在特殊情况下，列车进入区间后退回后方最近的车站。退行可以推进或牵引运行，若列车完全进入区间，退行时车站须引导接车。

45. 反向运行

列车运行分为上、下行方向运行，当违反常规方向运行时，称为反向运行。

46. 区间迫停

区间迫停是指由于列车故障或行车条件不满足，导致列车在区间被迫停车，且不能驶向前方车站或退回发车站的情况。

47. 出场

车组从车场范围运行到转换轨的过程称为出场。

48. 回场
车组从转换轨进入车场并停妥的过程称为回场。

49. 调车
除列车在车站的到达、出发、跳停及在区间内运行外，凡车组在线路上进行一切有目的移动统称为调车。

50. 调车员
调车员由工程车或电客车司机担当，负责车场内调车作业的现场指挥，协调、组织参与调车作业人员及时完成调车任务，并监控调车作业按计划实施。

51. 一、二、三车距离
一、二、三车距离是指调车作业时，距离停留车或停车地点的距离。一车、二车、三车分别为20 m、40 m、60 m。

52. 引导员
引导员是指车组需要司机在尾部推进运行时，负责在车组前端瞭望，随时与司机进行联控，协助司机监控进路及运行安全，确保异常情况出现时能够及时通知司机停车的人员。引导员可由车站胜任人员、司机担任。

53. 过线、转线、转轨
车组从某一条线路经过联络线运行到另一条线路称为过线；车组在某一条线路的某一行线经过折返线或存车线运行到另一行线称为转线；车组在车场内股道之间的转移称为转轨。

54. 套跑
因测试、验证等，组织电客车尾随在上下行运营列车后运行称为套跑。

55. 邻线
邻线是指同一条线路内相邻的正线及辅助线。

56. NCC
NCC是指（轨道交通）线网指挥中心。

57. 跨线运行
跨线运行是指配属于不同线路的载客列车，经线间联络线运行至另一条线路继续运营的运行方式。

58. 共线运行
共线运行是指配属于不同线路的载客列车经停同一段运营线路，乘客可同站台实现换乘的运行方式。

59. 口头指示

口头指示是指除书面命令及口头命令外，指挥列车运行的行车调度指令。

（二）行车闭塞法

基本行车闭塞法按照由高到低的优先级别分为：移动闭塞法、进路闭塞法、区段闭塞法、电话闭塞法。

1. 移动闭塞法

移动闭塞法适用于信号系统移动闭塞控制级别功能正常时，根据移动闭塞信号系统原理自动控制列车运行。采用移动闭塞法时，行车凭证为车载信号显示，驾驶模式为自动驾驶或 ATP 监督下的人工驾驶。

2. 进路闭塞法

进路闭塞法适用于移动闭塞信号系统由连续式控制级别降为点式列车控制级别时，或车载无线设备故障时。进路划分为始端信号机至终端信号机之间的一条行车进路。

采用进路闭塞法时，行车间隔控制方法为列车运行以一条进路进行空间分隔，一条进路内只允许一列列车运行。此时，行车凭证为地面及车载信号显示，驾驶模式为自动驾驶或 ATP 监督下的人工驾驶。

3. 区段闭塞法

区段闭塞法适用于当信号系统轨旁 ATP 设备故障且升级点式列车控制级别失败、切除车载 ATP 的列车、非装备列车（含工程车）运行时，以及行调认为有必要时。

正线区段以相邻两站出站信号机之间的进路为单元划分区段，区段包含一段或多段进路。

采用区段闭塞法时，列车运行以一个区段为行车间隔，一个区段内只允许一列列车运行，行车凭证为地面信号显示。驾驶模式为限制或非限制人工驾驶模式。

采用区段闭塞法组织行车时，行调应通知列车运行的沿途各站。列车运行过程中，行车调度员、行车值班员（简称"行值"）应加强监控，确保及时排列区段进路。

4. 电话闭塞法

电话闭塞法的适用范围有：

（1）正线全线或单个联锁区出现信号联锁故障时。（连续 3 个及以上车站信号联锁故障）

（2）联锁站或设备集中站管辖区域全部紫光带故障，行调组织预复位及压道后仍然包含连续 3 个及以上车站区域（含区间）故障时。若信号系统上道岔位置显示正常，则不需要下线路钩锁道岔，只需将道岔单独锁定在正确位置。

（3）行调认为有必要的情况。原则上应优先采用高级别的行车闭塞法组织行车。

电话闭塞法基本规定如表 1-1 所示。

表 1-1　电话闭塞法基本规定

基本规定	内　容
闭塞车站	正线全线故障时，所有车站均为闭塞车站；局部故障时，故障区域内所有车站及两端相邻车站为闭塞车站；特殊情况下，行调规定的闭塞车站
闭塞区域及行车间隔	闭塞区域为列车运行前方一个区间和一个站台。发车时正线必须确保列车之间有"一站两区间"的间隔
占用区间凭证	列车占用闭塞区域的凭证为路票，其中经过该闭塞区域的首趟列车须使用首列车路票，办理后续列车需根据列车运行所在线路选择常规路票
发车凭证	车站站台显示的发车手信号
驾驶模式和限速	在闭塞区域内，列车司机收到白色路票后确定为该闭塞区域的首趟车，以非限制人工驾驶模式（NRM）限速 25 km/h 运行，直至收到常规路票后，以 NRM 限速 45 km/h 运行，电客车原则上采用 NRM，司机应加强瞭望，注意行车安全
启动电话闭塞法行车	当满足"已经准确确认全线列车运行数量及故障区域内所有列车位置，且拟启动电话闭塞区域内的列车在车站站台停稳"条件时，行调应与现场负责人确认故障处置进展，视情况向车站、司机发布启动电话闭塞法的调度命令
结束电话闭塞法行车	现场恢复程序执行完毕，OCC 与现场负责人确认信号联锁基本恢复正常后，行调组织提前排列好各次列车的进路，先向车站再向司机发布取消电话闭塞法组织行车的调度命令。车站接到调度命令后，停止办理或取消闭塞；司机接到行调命令后，在站列车向车站退回路票后直接恢复正常行车，区间运行列车到前方站台后恢复正常行车。对联锁区内个别道岔、信号机故障未恢复正常的，按有关道岔、信号机故障处理流程进行处理

（三）进路办理

1. 进路办理的方式

进路办理有三种方式，按照优先级别由高到低分别为通过信号系统自动排列进路、人工通过信号系统办理进路和人工现场办理进路。

2. 办理进路的基本原则

办理进路的基本原则是优先使用级别高的方式办理进路。人工通过信号系统办理进路或人工现场办理进路时，必须以列车为参照物，按照"由远及近"的顺序进行进路排列或道岔操作；道岔故障情况下，应优先考虑使用变更进路组织行车。

3. 取消进路的规定

（1）采用移动、进路或区段闭塞法行车时，若列车距离待取消进路始端信号机大于等于一个区间时,可直接取消该进路,否则应先通知司机在指定地点待令,然后再取消进路。

(2) 电话闭塞法组织行车时,若需要取消接发车进路,应在车组动车前收回行车凭证,再取消进路。

(3) 取消调车进路前,操作者须先通知司机在指定地点待令,确认车组停稳或未动车后,方可取消进路。

(4) 紧急情况下须关闭信号时,操作者应在操作完成后立即通知司机停车。

(四) 列车接发作业

(1) 采用移动闭塞法、进路闭塞法行车时,由信号系统自动办理列车接发作业,行调、行值做好行车监视。

(2) 采用区段闭塞法行车时,由行调或授权相关联锁站/设备集中站通过信号系统由远及近人工办理列车接发作业。

(3) 采用电话闭塞法行车时,由相关车站办理列车接发车作业。

二、客运

客运车站有以下几个特点:

(1) 车站竖向布置形式有地下多层、地下一层、路堑式、地面、高架一层、高架多层等。

(2) 车站站台通常设在直线上,若设在曲线上,其站台有效长度范围的线路曲线最小半径为 800 m。

(3) 车站站台形式有岛式、侧式和岛侧混合式等。

(4) 站内与区间的区别为车站两端端界内为站内,相邻两车站端界之间为区间。

(5) 换乘站换乘方式主要包括:同车站平行换乘,同站台平面换乘,站台上下平行换乘,站台间的"十"字形、"T"形、"L"形、"H"形换乘,以及通道换乘。这些换乘方式都在付费区内换乘。

三、车辆

(一) 车辆型式

城市轨道交通常用车辆分为 A 型车和 B 型车。车辆型式分为动车 [带受电弓 (Mp)、无受电弓 (M)]、拖车 [带司机室 (Tc)、无司机室 (T)] 两种。车辆受电方式采用接触网-受电弓受电方式。车辆供电电压为 DC 1 500 V,波动范围为 DC 1 000 V~DC 1 800 V。

（二）车辆载荷

车辆载荷状态由低至高为：空载（AW0）、座席（AW1）、定员（AW2，6人/m^2）、超员（AW3，9人/m^2）。

（三）车辆组成

车辆由车体、转向架、牵引与电制动、辅助电源、空气制动系统及风源系统、空调、列车自动控制、列车控制与诊断系统、车载通信与乘客信息系统、照明系统、车门等部件组成。部分部件介绍如下：

1. 转向架

转向架分为动车转向架和拖车转向架，均为无摇枕二系悬挂两轴转向架。

2. 牵引与电制动

（1）牵引系统采用变频调压的交流传动系统，具有牵引和再生制动功能。

（2）列车运行正常情况下采用列车网络控制方式，后备采用硬线连接的紧急牵引控制方式。

（3）牵引与制动功能由司机控制器实现，司机控制器由主控制、方向两个手柄和主控钥匙组成。

3. 空气制动系统及风源系统

（1）空气制动系统采用微机控制的直通式电空混合制动系统，具有常用制动、快速制动、紧急制动、停放制动，以及防滑保护、空重车调整等功能。

常用制动时，采用电制动优先；电制动力不足时，采用空气制动补足的混合制动方式。制动优先级为：再生制动>电阻制动>空气制动。

快速制动时，制动方式与常用制动一致，总制动力与紧急制动相同，但可在制动过程中缓解。

紧急制动时，全部使用空气制动，制动过程中不可缓解。

停放制动采用弹簧储能制动，压缩空气缓解，必要时可手动缓解。

基础制动为单元式踏面制动装置，其中一半带有停放制动功能。

（2）风源系统包括由交流电动机驱动的空气压缩机、空气过滤器、空气干燥器和总风缸等设施，每列列车至少配置两套风源系统。

4. 车门

（1）每辆车每侧设置双开式电动塞拉门。

（2）车门系统为电机驱动、微处理器控制，主要包括开关门及显示功能、障碍物探测功能和重开门功能、车门故障切除功能（车门内部及外部）、紧急解锁功能、车门旁路功能、乘务员钥匙开关功能（每辆车每侧各1个车门）、故障指示和诊断功能、零速保护功能等。

（3）车门的开/关模式包括人工模式、自动模式。

（4）运营中车门编号规则，按照当前行车方向从车头到车尾依次为：左侧/右侧1-1~1-X…N-1~N-X（N为第N节车厢，X为该节车厢第X个车门，面向行车方向左手侧为左侧、右手侧为右侧）。

（5）车辆装设车载信号设备、车载综合服务（PIS）系统和通信联络装置。

（6）车门控制系统可通过信号系统联动控制站台门。列车设置客室门已锁闭监控旁路、ATP门控旁路功能（由门允许按钮操作完成）、停放制动缓解监控旁路开关、所有制动缓解监控旁路开关、ATP旁路开关、警惕按钮旁路等。

（7）两列电客车联挂运行时具有以下功能：

① 在激活司机室能施加/缓解所有车停放制动。

② 在任一司机室能对其他司机室进行通信。

③ 在激活司机室能对所有客室进行广播。

④ 在任何司机室均可通过操作"紧急"蘑菇按钮对全列车紧急制动。

四、供电

供电系统包括外部电源、变电所、牵引供电系统、动力照明供电系统、电力监控系统等。

（一）外部电源

供电系统采用集中式110 kV/35 kV两级电压供电，牵引、动力照明混合网络供电方式。

（二）变电所

变电所分为主变电所、牵引降压混合变电所、降压变电所、跟随式变电所。

（三）牵引供电系统

（1）牵引网由接触网、回流网和连接电缆组成。

（2）接触网采用架空接触网，车辆段和高架采用柔性架空接触网，隧道采用刚性架空接触网。

（3）牵引供电电压为DC1 500 V，波动范围为DC1 000 V~DC1 800 V。

（4）接触网正常供电方式有双边供电和单边供电两种。在非正常情况下，可采取越区供电方式维持运营。

（四）动力照明供电系统

动力照明等用电负荷按照供电可靠性要求及失电影响程度分为一类负荷、二类负荷、三类负荷。各级负荷设备包括：

（1）一类负荷：消防用电、防灾报警、消防泵、事故风机、通信、信号、售检票机、事故照明、兼作紧急疏散用自动扶梯。

（2）二类负荷：普通风机、空调机组、排水泵、污水泵、普通自动扶梯、直升电梯、一般照明。

（3）三类负荷：冷冻机组、冷冻冷却泵、电热设备、广告照明、清洁设备。

（五）电力监控系统

电力监控系统是由设置在控制中心的电力监控调度系统、设置在沿线变电所的综合自动化系统，以及连接它们的通信通道构成，功能包括遥控、遥信、遥测、遥调，并具备数据传输及处理、报警处理及统计报表、用户画面、自检、维护和扩展、信息查询、安全管理、系统组态、在线检测、时钟同步、培训等功能。

五、机电

（一）站台门系统

（1）站台门（PSD）系统由机械和电气两部分构成，机械部分包括门体结构和门机传动系统，电气部分包括电源系统、控制系统及监视系统。地下车站设置屏蔽门，高架车站设置安全门。

（2）站台门门体结构由承重结构、门槛、顶箱、滑动门、固定门、应急门和端门组成。站台门的滑动门与列车客室门在位置、数量上对应。

（3）站台门具有障碍物检测及处理功能，并有障碍物故障报警功能。站台端头控制盘（PSL）、车控室综合后备盘（IBP）可进行整列站台门手动开关操作，滑动门就地控制盒（LCB）可以对单个滑动门进行手动开关和隔离，站台侧可用专用钥匙手动打开滑动门、应急门和端门，在轨道侧可以通过紧急解锁装置打开滑动门、应急门和端门。

（4）站台门与列车之间存在电位差。为确保乘客和工作人员的安全，在站台门与车辆之间设置等电位装置，通过电缆与钢轨相互连接消除电位差。

（5）站台门开关门优先级控制由低到高分别为：车站级自动控制（信号系统发送开

关门命令）、站台端头 PSL 控制、车站 IBP 控制、滑动门 LCB 控制、滑动门手动控制。

（二）防淹门系统

（1）防淹门开门形式主要分为平开式和升降式两种。

（2）防淹门系统由机械设备和控制系统两部分组成，具备控制中心、车站、就地三级监视功能。

（3）闸门操作功能有自动和手动两种，按模式又分为远方（车控室）、就地和检修三种模式。

（三）通风空调系统

（1）地下线车站设置机械通风与空调系统；高架线和地面线车站的设备区设置机械通风与空调系统，公共区一般采用自然通风。通风空调系统在满足人员和设备对轨道交通内部空气环境需求的同时，兼顾火灾情况下的防排烟功用。

（2）通风空调系统包括车站通风空调系统和隧道通风系统两大部分。

（3）车站通风空调系统。

车站通风空调系统分为车站公共区通风空调系统（简称"大系统"）、车站设备管理用房通风空调系统（简称"小系统"），以及空调水系统（简称"水系统"）。

（4）隧道通风系统。

① 隧道通风系统分为区间隧道通风系统和车站隧道通风系统两部分。

② 隧道通风系统设备主要包括：隧道及轨道排风机（兼排烟，要求在 250 ℃下可连续工作 1 h）、联动或调节风阀、防火阀、风道、消声器等。

③ 隧道通风系统均采用分段式纵向通风设计，配线车站为双活塞模式，其他车站采用单活塞模式。

④ 通风空调系统设就地控制、车站控制、中央控制三级控制，就地控制具有优先权。

（四）给排水与水消防

（1）给排水系统用于满足生产、生活和消防用水对水量、水压和水质的要求，水源通常采用城市自来水。

（2）轨道交通设置排水系统，除生活及粪便污水应单独排放外，结构渗漏水、冲洗及消防废水和出入口雨水合流至车站或区间集水井排除。

（3）水消防：地下车站、地面及高架车站由城市自来水环状管网上引入两根消防给水管。

（五）综合监控系统

（1）综合监控系统（ISCS）由位于控制中心的中央综合监控系统（CISCS）、位于各车站的车站综合监控系统（SISCS）、位于车场的场段综合监控系统（DISCS）、培训管理系统（TMS），以及维修管理系统等部分组成。

（2）综合监控系统集成电力监控、环境与设备监控和站台门等系统；与广播、视频监控、乘客信息、自动售检票和门禁等系统互联；有时也会与列车自动监控、火灾自动报警等系统互联或集成。

（3）综合监控系统基本功能包括：控制功能、监视功能、报警管理、趋势记录、报表生成、权限管理、系统组态、档案管理、系统维护和诊断。

（4）综合监控系统主要联动功能包括：正常工况、火灾工况、紧急工况、阻塞工况。

（5）综合后备盘功能主要包括：站台紧急停车、扣车与放行、通风排烟系统的紧急模式控制、专用消防设备控制、自动检票机释放、门禁控制、防淹门监控、电扶梯停止控制和站台门开门控制。

在综合监控系统故障或瘫痪不可用时，由车站通过IBP盘进行现场设备的重要状态的监视和手动紧急控制。当CISCS发生故障时，各车站的SISCS能够完成对本车站集成与互联子系统设备的监控，保证数据正确采集与命令准确下发，本车站历史数据存储与查询功能能够正确完成。

（6）全自动增设有以下几项内容。

① 综合监控在控制中心设置车辆调、乘客调工作站，具备对车辆的运行信息和故障信息监控功能，具备对列车的调度、显示功能。具备控制中心对车辆内车载通风空调系统、动力照明系统、火灾报警系统（FAS）、CCTV、乘客信息系统（PIS）、车门、牵引制动等设备的监控功能，以及紧急情况下的设备联动功能。

② 车站、车辆段无人区门禁系统与信号封锁（SPKS）具备接口功能，以加强人员管理，保障运营安全。

（六）火灾报警系统

火灾报警系统包括车站、区间隧道、主变电所、控制中心、车场设置的火灾报警系统。

（1）FAS实现中央、车站两级管理模式，中央、车站、就地三级控制方式。FAS由中央级、车站级、就地级、设备维修管理系统，以及FAS主干网构成，其主要功能如下。

① 中央级设置在控制中心，作为全线火灾报警系统集中报警平台，与控制中心的综合监控、通信、信号等系统共同构成防救灾指挥管理平台。

② 车站级设置在各地下车站、高架车站、车辆段和主变电所的车站控制室或消防值

班室，实现车站及相邻区间或车辆段范围内的火灾报警，并与相关专业共同构成区域防救灾指挥平台。车站级 FAS 管辖范围包括车站及相邻半个区间的消防设备。

③ 就地级设置在地下车站、高架车站、区间隧道、车辆段、主变电所建筑内各防护区域，实现报警和相关设备的联动控制功能。

④ 维修管理系统设置在车辆段 FAS 工区及相关的工区办公室，负责对全线 FAS 设备进行监视和管理。

⑤ 通信系统为 FAS 提供四芯单模光纤（备用芯与其他系统共享），使全线 FAS 形成信息传输单环主干网络，实现火灾报警信息、设备状态信息的传送。

（2）消防联动控制系统可实现消火栓系统、自动灭火系统、防烟排烟系统、防火卷帘、电动挡烟垂帘、消防广播、消防电源及应急照明、疏散指示、检票机、站台门、门禁、电扶梯等系统在火灾情况下的消防联动控制。

（七）气体灭火系统

地下车站、高架车站的重要设备房都设置气体灭火系统。气体灭火系统由气体灭火控制子系统和管网子系统组成。管网子系统包括储存装置、启动装置、选择阀、喷嘴、输送管路及其他附件。各气体灭火保护区外设置壁挂式气体灭火控制器，手/自动转换开关、紧急释放按钮、释放指示灯、警铃、声光报警器等均接入气体灭火控制器，各气体灭火控制器通过通信或硬线方式接入车站控制室的火灾报警系统控制器（FAS 控制器），FAS 控制器实现对气体灭火管网系统的集中控制。各气体灭火保护区内的智能探测器（感烟和感温）通过回路线接入 FAS 控制器。FAS 控制器设置独立的报警回路，用于接入气体灭火控制系统的控制盘、探测器、模块。

FAS 控制器上设置气体灭火手动/自动转换开关，实现对气体灭火喷放手动/自动联动模式切换。系统的操作方式有三种：自动操作、手动操作和紧急机械手动操作。火灾的确认方式为自动确认和人工确认。

六、工务

（一）线路

（1）线路分类：按敷设方式分为地下线、地面线和高架线；按在运营中的功能定位分为正线、辅助线和车场线，辅助线包括车辆段（场）出入线、联络线、折返线、停车线、渡线、安全线。

（2）线路限界：分车辆限界、设备限界和建筑限界三种。

（3）线路制式：采用右侧行车制式和 1 435 mm 标准轨距，正线采用双线线路。

(4) 平面曲线：各类线路最小曲线半径及曲线加宽值如表 1-2 和表 1-3 所示，曲线的具体位置和数据在各线行车组织细则中明确。

表 1-2 各类线路最小曲线半径

线路	B 型车	
	一般地段/m	困难地段/m
正线	300	250
辅助线	200	150
车场线	150	—
车站	1 200	1 000

表 1-3 各类线路曲线加宽值

曲线半径 R/m	轨距加宽值/mm	轨距/mm
$150<R\leq200$	5	1 440
$100<R\leq150$	10	1 445

（二）桥隧结构设计规格

桥梁、隧道结构设计使用年限为 100 年，工程结构安全等级为一级，抗震烈度为Ⅵ度，防水等级为二级。

（三）区间隧道结构

区间隧道结构主要包括明挖矩形断面结构、矿山法马蹄形断面结构、盾构法圆形断面结构、沉管法矩形断面结构等。

（四）纵面坡度

正线的最大坡度为 30‰，困难地段可采用的坡度为 35‰，区间最小坡度为 3‰；联络线的最大坡度为 40‰；出入段（场）线的最大坡度为 35‰；车场其他线路宜设于平道上，困难时库外线路的坡度可按不大于 1.5‰ 设计。

（五）道床

地下线、高架线采用轨枕式整体道床；地面车站采用整体道床；地面线、出入线、试车线采用碎石道床。

(六) 轨道

正线、辅助线及车场试车线钢轨通常采用 60 kg/m 的钢轨及 9 号单开曲线型尖轨道岔，车场其他线路通常采用 50 kg/m 的钢轨及 7 号单开道岔。

(七) 联络通道及泵房

长度大于 600 m 的两条单线区间隧道之间设置联络通道，同一区间内相邻两个联络通道之间的距离不应大于 600 m；联络通道内并列设置两樘反向开启的甲级防火门；轨道两侧均有排水沟，线路坡度最低点通常设置区间排水泵站，通常与区间联络通道合置。

(八) 疏散设施

区间隧道均设置轨行区到达站台的疏散楼梯。当采用车辆侧门疏散模式时，双线高架区间宜在两线间布置应急疏散平台，地下区间的矩形隧道（出入段线除外）和圆形隧道行车方向的左侧设置疏散平台。

(九) 人防设施

人防设施按抗力等级可划分为六级。战时功能以人防疏散干道和人员紧急掩蔽部（1 000 人）为主，二等人员掩蔽部（800 人）和物资库为辅。以一个车站加一个隧道区间为一个防护单元，换乘站单独为一个防护单元。

(十) 轨道安全设备及附属设备

（1）高架桥线路特殊地段应采取防脱轨措施或全桥范围采取护轮矮墙等措施。

（2）正线及辅助线、试车线、牵出线的终端采用缓冲车挡；线路设置百米标、坡度标、曲线要素标、曲线起终点标、竖曲线起终点标、道岔编号标、桥号标、水位标、限速标、停车位置标、警冲标等标志。

七、通号

通信信号（简称"通号"）系统采用基于无线通信的移动闭塞式 ATC 系统。

(一) 信号系统子系统

信号系统按照功能分为以下 4 个子系统。

（1）ATS 子系统：监控、指挥全线列车运行。

（2）ATP 子系统：监督及控制列车安全运行，应满足故障导向安全原则。

（3）ATO 子系统：自动控制列车运行，在 ATP 的保护下，根据 ATS 的指令实现列车的自动驾驶，确保达到设计间隔及旅行速度。

（4）计算机联锁（CBI）子系统：计算机联锁设备是实现道岔、信号机、轨道区段间的正确联锁关系及进路控制的安全设备，是确保行车安全的基础设备，必须符合故障导向安全原则及应有必要的冗余措施。正线和车场联锁系统分别独立配置，同时车场配备微机检测设备。

（二）信号系统设备

1. 控制中心信号设备

ATS 子系统中央设备包括服务器、调度工作站、系统维护/管理工作站、时刻表（离线/在线）编辑器、背投及打印设备等；联锁中央本地操作工作站，原则上只监不控，用于行调观察全线列车进路及列车运行情况。

2. 车站信号设备

（1）联锁站设置联锁室内设备；设备集中站设置 ATP/ATO 室内设备、车-地双向通信室内设备、列车检测定位设备、ATS 车站设备、接口单元、继电器柜、电缆架、室内分线柜、电源设备、UPS 和电池等；一般车站信号设备设置电缆分线架、车-地双向通信室内设备、ATS 接口设备等。

（2）有岔站设有联锁本地操作工作站，用以站控时排列列车进路，监控列车运行；无岔站也设有联锁本地操作工作站，用于监视本车站范围内的列车运行。

（3）车控室设有 IBP，盘面上、下行线路上设有紧急停车、取消紧停、扣车、取消扣车等功能按钮。

（4）轨旁信号设备包括信号机、转辙机、车-地双向（或单向）通信设备、列车检测定位设备等。

（5）车载信号设备包括 ATP、ATO 和车-地通信设备。

（6）车场信号设备包括车场微机联锁室内外设备、试车线信号设备、培训系统、维修检测设备等。

项目训练

▶ 初级

1. 行车闭塞法按照由高到低的优先级别为＿＿＿＿、＿＿＿＿、＿＿＿＿、＿＿＿＿。
2. 进路办理按照优先级别由高到低分为＿＿＿＿、＿＿＿＿、＿＿＿＿三种方式。
3. 联锁指信号系统中的＿＿＿＿、＿＿＿＿、＿＿＿＿之间建立一定的相互制约、相互联系的关系。
4. 按在运营中的功能定位分为正线、辅助线和车场线，其中辅助线包括＿＿＿＿、＿＿＿＿、＿＿＿＿、＿＿＿＿、＿＿＿＿、＿＿＿＿。
5. 线路限界分为＿＿＿＿、＿＿＿＿、＿＿＿＿三种。

▶ 中级

6. 车辆制动系统具有＿＿＿＿、＿＿＿＿、＿＿＿＿、＿＿＿＿、防滑保护，以及空车调整等功能。
7. 站台门开关门优先级别控制由低到高分别为＿＿＿＿、＿＿＿＿、＿＿＿＿、＿＿＿＿、＿＿＿＿。
8. 防淹门开门形式主要分为＿＿＿＿和＿＿＿＿两种。
9. 轨旁信号设备有＿＿＿＿、＿＿＿＿、车－地双向（或单向）通信设备、列车检测定位设备等。

▶ 高级

10. 综合监控系统主要联动功能包括＿＿＿＿、＿＿＿＿、＿＿＿＿、＿＿＿＿。
11. 换乘站换乘方式主要包括＿＿＿＿、＿＿＿＿、＿＿＿＿、站台间的＿＿＿＿、＿＿＿＿、＿＿＿＿、＿＿＿＿换乘，以及通道换乘。
12. 移动闭塞法、进路闭塞法、区段闭塞法的各自适用范围是什么？
13. 电话闭塞法的启动条件是什么？
14. 办理进路的方式有哪些？办理进路的基本原则是什么？

项目二　行车设备介绍

学习目标

（1）了解西门子和卡斯柯信号系统的组成、功能和工作原理；
（2）掌握全自动信号系统的功能；
（3）掌握行车相关机电类设备的组成和功能。

技能目标

（1）了解全自动线路车辆调度（简称"车辆调"）系统的功能和操作；
（2）了解全自动线路乘客调度（简称"乘客调"）系统的功能和操作；
（3）了解HMI操作界面的操作方法。

一、信号系统介绍

（一）西门子信号系统

1. 信号系统总体描述

轨道常用的信号系统之一是德国西门子基于无线通信的移动闭塞系统，并配套设置其他设备，构成完整的移动闭塞ATC系统。列车采用有人值守自动驾驶模式，能做到无人折返。

（1）ATC系统总体构成。

城市轨道交通ATC系统主要由以下三种模块组成：

① SICAS 型故障-安全、高可用性的微机联锁系统；

② 由中央和本地控制设备组成的 ATS 系统；

③ Trainguard MT 连续式移动闭塞列车控制系统。

上述三个模块被概括定义为四层：

中央控制层：ATS 层包括操作控制中心和本地操作工作站（LOW）。

轨旁层：SICAS 联锁和 Trainguard MT 系统与信号基础设备计轴器和应答器一起完成了联锁和轨旁 ATP 功能。

通信层：提供轨旁与车载之间的点式通信。Airlink 无线系统提供用于移动闭塞的连续通信（CTC 级）。可变数据应答器和填充数据应答器提供点式通信用于固定闭塞 ATP 防护，作为后备模式（ITC 级）。

车载层：车载信号设备包括车载 Trainguard MT ATP 和 ATO，还有驾驶员人机界面（HMI）。ATP、ATO 和 HMI 提供了自动列车运行模式（AM）功能。ATP 和 HMI 提供了列车运行监督模式（SM）功能。

（2）ATC 系统功能。

① SICAS 子系统由车站设备和轨旁设备组成，根据铁路运输管理信息系统（TMIS）原理设计，具有 3 取 2 的冗余功能，是以"故障-安全"为原则的安全微机系统。

SICAS 联锁的操作和显示可借助操作控制系统的人机接口（MMI）系统来完成。

② ATS 子系统由控制中心、车站和车辆段设备组成，主要功能包括：实现列车自动识别、自动追踪、自动调整，进路自动控制或人工控制；完成列车运行时刻表的编制与管理，描绘列车运行图；进行正线、车辆段列车运行监视及系统设备状况的检测、报警等。

③ ATP 子系统由车载设备和地面设备组成，该系统必须符合"故障-安全"的原则。主要功能包括：

a. 自动连续检测列车位置，确定 ATP 信息的发送方向。

b. 确保列车之间的安全距离，防止列车超速运行；及时显示列车车速、列车限速、目标速度、目标距离等信息；对列车超速、设备故障进行报警。

c. 完成列车自动折返的监督。

④ ATO 子系统由车载设备和地面设备组成，结合 ATS 和 ATP 子系统完成以下主要功能：

a. 完成列车区间运行自动控制、车站站台定位停车控制、车站通过控制。

b. 实现司机监督下的自动折返控制、车门（站台屏蔽门）开关控制。

c. 进行列车运行调整和节能控制。

2. 联锁计算机原理

SICAS ECC 系统是一个基于计算机的，具有故障-安全信息处理功能的联锁系统。故障-安全信息处理基于经过充分证明的 SIMIS 原理（SIMIS：西门子故障-安全计算机系统）。SIMIS ECC 采用 3 取 2 配置，可提供高可用性。该系统配有三台结构相同、指令同步的计算机。SIMIS ECC 配有两台不同的计算机提供了安全保障，而第三台计算机则作为冗余设备，即使一条通道发生故障时，也不会影响安全性。

EIM ECC 监控各个计算机及来往于室外设备的输入/输出，联锁计算机系统与 EIM ECC 之间的数据传输通过以太网连接建立。只有满足某些条件时，输出才会传送到相关的外围设备。（图 2-1）

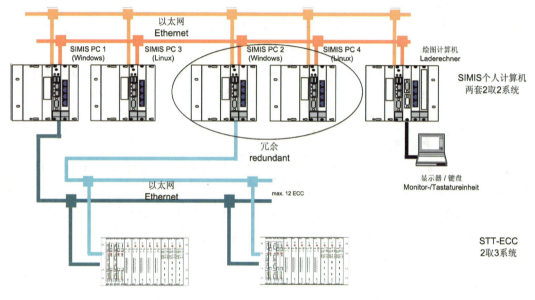

图 2-1　联锁计算机系统与 EIM ECC 的连接

信号联锁系统是实现自动闭塞法的基础，通过与站台屏蔽门设备、防淹门、紧急停车按钮 3 个主要非信号系统接口，与道岔、信号机、轨道区段共同形成联锁系统，确保进路正常建立开放，实现系统的安全运行。

（1）站台屏蔽门接口原理。

考虑到系统的完整性，对于运行在 CTC（连续式列车控制）等级下的列车，ATC 系统承担的主要任务是：当列车位于正确位置时，允许站台屏蔽门打开；如果列车门关闭，请求关闭站台屏蔽门。

在 ITC（点式列车控制）模式下的列车或未装备的列车，无法收到光电探测器件（PSD）"关闭锁紧"信息。SICAS ECC 联锁则会在站台前方最后一个信号机和站台出发信号机设置为停车指示，通过手动操作屏蔽门系统开启和关闭屏蔽门。PSD 的状态在 ITC 模式下纳入联锁条件，当 PSD 关闭锁紧状态丢失后，将关闭上一个信号机和本站的出站信号机。

接口电路和 SICAS ECC 的设计基于故障-安全原则,如果出现故障或断电,PSD 则显示为"开启"状态。

如果系统未能不间断地收到屏蔽门关闭信息时,禁止列车在站台区域移动,包含进站和出站两种情形。

(2) 防淹门接口原理。

只有在防淹门打开并锁定(防淹门打开且未请求关闭)时,才可能排列经过防淹门的进路。其他情况,如防淹门没有锁定,接近列车将会停车,附近的信号机显示停车信号。

如果排列一条经过防淹门的进路,联锁通过一个禁止命令的方式来阻止防淹门移动。

接口电路和 SICAS 联锁设计为故障-安全的,这意味着如果电源出现了故障或被切断,或出现断线,防淹门会指示为"未开启",这样进路就不能排列。

(3) 紧急停车按钮接口原理。

紧急停车按钮(EMP)和紧急后备盘通常安装在站台区域和车站控制室,通过 SICAS ECC 接口模块为 Trainguard MT 轨旁计算机单元提供安全输入。ATP 轨旁计算机单元将该输入考虑到列车移动授权的计算中。同时,紧急停车按钮状态将纳入联锁条件并显示在 LOW 上。

在信号设备室继电器接口柜内的开关触点继电器接口,是由 SICAS ECC 提供给 EMP 系统的接口,通过闭环原则可实现紧急停车按钮信息的获取。

如果紧急停车按钮被按下,联锁系统中则获得一个报警信息。在 CTC 模式下,联锁将通过车地通信给 ATC 发送停车指令,要求在该区域运行的列车紧急制动,同时在 HMI 上也会有相应的提示。而且,该轨道区段的所有信号机(出站信号机和站台前方的最后一个信号机)将显示停车信号。在没有车地通信的情况下,司机将负责对未装备列车或车载 ATP 故障列车人工启动紧急制动。

如果没有配备车地通信设备的列车或车地通信故障的列车在 EMP 被按下之前越过了相关的信号机(出站信号机和站台前方的最后一个信号机),则该列车不会自动出现紧急制动。

EMP 的防护区域为本站台区域及站台两侧一定的延伸区域。当 EMP 被按下后,WCU_ATP 在站台边界设置一个安全防护点,对已在 EMP 防护区域的列车,立即产生紧急制动;对未进入 EMP 防护区域的列车,将按照更新后的移动授权,重新计算制动曲线。

在 ITC 模式下,按压 EMP 后,将关闭上一个信号机和本站的出站信号机。

(4) 联锁系统中进路的建立与解锁。

进路的建立是指进路开始排列到防护该进路的信号机(始端信号机)开放这一过程。其过程分成三个阶段:进路元素的可行性检查、进路元素的征用、进路的监控及开放信号，如图 2-2 所示。

图 2-2　建立进路的三个阶段

注意：进路已排列并不能代表进路已建立。要建立进路，必须满足以下两个条件：进路的排列条件已满足；在排列进路前或在排列进路的过程中，进路的道岔无挤岔、转不到位或连接中断的故障。

① 进路元素的可行性检查（进路的排列条件）。

进路元素的可行性检查由联锁计算机完成。在排列进路时，该计算机先检查所选进路的始端、终端信号机构成的进路是否为设计的进路；然后检查所选进路中的元素，检查顺序为从终端信号机开始，一个元素接一个元素地检查到始端信号机。其检查内容同时又是进路的排列条件。

② 进路元素的征用。

进路元素的征用是指元素被该进路选用以后，在这些元素解锁之前，其他任何进路将不能使用。如果进路元素通过了可行性检查（符合进路的排列条件），则联锁系统对进路的元素进行征用，征用情况如下：

a. 进路中所有处于与进路要求位置相反位置上的道岔必须进行转换，并且把所有道岔锁闭在进路要求的位置上。

b. 进路中所有轨道区段未被解锁之前，其他进路不能征用。

c. 要求提供侧面防护（符合条件的侧防道岔能自动转换至侧防位置，并被锁闭）。

d. 要求提供保护区段或延时保护区段。

若进路中有道岔（含侧防的道岔）出现挤岔、转不到位或连接中断的故障，则在排列进路后故障道岔不能被征用，但联锁系统保持检查故障道岔的征用条件；当道岔恢复正常，且在需要时执行"挤岔恢复"或"转换道岔"命令后，道岔能被征用。

进路的排列条件：进路中的道岔没有被锁定或锁闭在相反的位置上、进路中的轨道区段（道岔区段）没有被封锁、进路中的轨道区段（道岔区段）没有被反方向进路征用、与相邻联锁通信正常（只适用于排列跨联锁区的进路）、防淹门打开且未请求关闭、与车场的照查功能正常（回场进路）。

注意：进路的排列不等于进路的建立，通俗讲，两者的区别在于：进路的排列表现为进路绿光带出来，进路的建立表现为信号开放。

③ 进路的监控及开放信号。

进路的监控层级分为监控层和非监控层，监控层级从低到高为引导层、移动闭塞层、主信号层。

进路建立后,显然不可能一直建立而不将它释放,进路建立后再将它释放的手段称为进路的解锁。进路解锁可分为列车正常解锁、人工取消进路及区段强行解锁。

列车正常解锁是指列车通过了进路中的轨道区段后,使进路自动解锁。

列车正常解锁的原理:通过轨道电路检查区段是否空闲及列车是否已通过该区段。但仅用一段轨道电路的动作,又不能确切反映列车已通过了该区段,因而有必要采用多段轨道电路的顺序动作来反映列车的实际运行情况。原则上,采用三段轨道道路的动作状态并配以时间参数作为解锁的条件,就能确切知道列车已通过该区段,这就是通常称的"三点检查法"。联锁系统利用三点检查法来自动解锁进路。

3. ATP/ATO 系统

(1) 系统概述。

车载子系统总是工作在 AM、SM 或者 RM 运行模式中的任何一种。在 CTC 和 ITC 级,均可提供 AM 和 SM 模式。在 AM 模式中,ATO 负责控制列车运行,如列车自动发车、列车速度调整、列车目标制动,以及触发开、关车门和站台屏蔽门等工作(ITC 模式下不支持屏蔽门操作)。

(2) ATO 子系统功能。

ATO 车载子系统计算若干个速度监督曲线,这些曲线用于安全速度监督及非安全速度控制和 ATO 运行。

ATO 车载子系统提供一个确定伺服控制输出的伺服控制功能,以使列车不断按推荐速度曲线(RSPC)运行而不会和紧急制动干预曲线(EBIC)冲突。ATO 车载子系统的伺服控制功能遵守冲击、加速、节能的限制,以及由车辆或乘客舒适度决定的其他方面的限制。其主要功能如下:

① 列车调整。在 CTC 级下,ATS 按照时刻表调整 Trainguard MT 列车的运行。ATS 按照来自列车的到达和发车时间,通过向相应的列车发送列车调整数据进行列车调整。在 AM 模式下,车载子系统根据节能原则,基于至下一站台轨的所选行车时间来调整列车运行(包括惰行)。

② 巡航和惰行。该功能只有在连续通信条件下才有效。能源优化轨迹的计算考虑到了坡度和曲线对加速度和制动的影响。

③ 列车精确停车。在站台区域,应答器按照非常高的精度进行安装。ATO 将这些精确的位置信息和列车测速信息结合起来,来确定列车的准确位置。由此,ATO 可以对列车施加制动,以使列车以 ± 0.3 m 乃至更高的精度停车。

(3) ATP 子系统功能。

轨旁子系统的主要功能及相应的执行模块描述如下:

① 跟踪和保护列车运行：确定指定区域内所有列车的位置；参与轨旁防护，防止列车迎面碰撞、追尾及侧面碰撞；确定移动授权。

② 与联锁形成接口：读入和监督联锁状态；提供联锁强制信息（如移动闭塞信号强制）。

③ 支持维护：支持线路维护；支持 Trainguard MT 维护。

④ 控制和保护乘客换乘：站台屏蔽门控制。

⑤ 列车与 ATS 及服务诊断系统的中枢接口：将列车运行状态和故障信息分发给 ATS 和服务诊断单元；将 ATS 命令转发给列车。

（4）车载子系统主要功能。

① 与车辆的接口：采集数字输入单元（按钮、开关、显示）；施加制动和牵引功能、车门控制功能，驾驶室外部的侧门可通过 ATP 互锁，是一个与安全性相关的功能。

② 列车定位：确定列车位置、速度和方向。

③ 管理列车控制级别和驾驶模式：确定当前控制级别；确定当前驾驶模式；授权驾驶模式之间的转换；按照控制级别和驾驶模式激活/停用各种功能。

④ 驾驶和保护列车：按照当前驾驶模式运行列车，并保证列车运行安全；通过 HMI 向司机提供驾驶指令和信息；处理移动授权；监督来自临时限速（TSR）的约束条件。

⑤ 乘客换乘：站台作业，如停稳检测和列车车门控制；确定 PSD 命令，进行屏蔽门的开启和关闭。

⑥ 乘客信息：为乘客信息系统提供相应数据。

⑦ 支持维护：支持 Trainguard MT 系统维护。

4. HMI 设备

HMI 是一种人机界面，通过它，行调可以对现场设备的信号状态进行实时监控，并完成排列进路、扣车等信号操作，确保线路的平稳运行。HMI 服务器是 OCC 调度员和 ATS 系统之间的人机接口。

操作员控制台包括一台 SUN 工作站、两个彩色显示器、一个数字字母键盘和一个鼠标。VICOS OC 501 系统通过鼠标和键盘实现操作。通过拖放操作，选择工具条上的图标可以选择执行不同的功能。系统允许同时打开多个窗口并根据需要随意在屏幕上拖动。

HMI 服务器包括以下对话框和列表：系统总览、线路总览、车次号总览、线路图细览、操作授权对话框、控制职责对话框、时刻表加载对话框、记录与回放对话框、联锁对话框、列车自动调整（ATR）对话框、列车运行监视（TMM）对话框、列车运行图（TGI）对话框、车站综合后备盘对话框、车辆段服务对话框、存档对话框、存档管理对话框、已发布命令列表，以及操作日志，A、B 和 C 类报警列表，报表对话框和登录/注销对话框。

在 HMI 操作界面上可以查看如下信息：两端车载设备工作状态（含故障状态）、PSD 状态、驾驶模式、运行方向（向前或向后）、当前实际速度、当前位置（精确到米）、告警信息、紧急制动、当前车门状态。HMI 操作界面如图 2-3 所示。

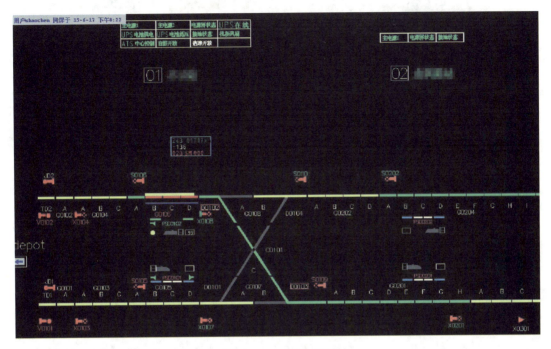

图 2-3　HMI 操作界面

（二）卡斯柯信号系统

1. 基于通信的 ATC 系统

基于通信的 ATC 系统即 CBTC 系统，它采用交叉感应电缆环线、无线局域网等通信方式实现车地、地车间双向实时通信，传输列车位置、移动授权等信息，使地面 ATP 信号设备可以得到每一列列车连续的位置信息和列车运行信息，据此计算出每一列列车的移动授权点，并实时更新发送给列车，列车根据接收到的移动授权点和线路地图及自身的运行状态，计算出列车运行的速度/距离曲线，车载设备保证列车在该曲线下运行，即列车运营间隔控制为移动闭塞方式。因此，在保证安全的前提下，能最大程度地提高通过能力。

2. CBTC 的基本原理

ATP 地面设备周期性地接受本控制范围内的所有列车传来的列车识别号、位置、方向和速度信息，相应地，ATP 地面设备根据接收到的列车信息，确定各列车的移动授权，并向本控制范围内的每列列车周期性地传送移动授权（ATP 防护点）的信息，移动授权由前行列车的位置来确定，移动授权将随着前行列车的移动而逐渐迁移。移动闭塞列车控制原理如图2-4所示。

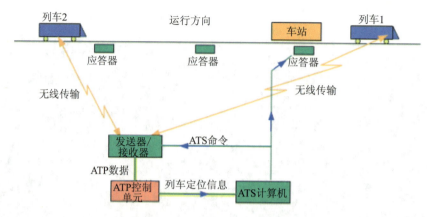

图 2-4　移动闭塞列车控制原理图

3. CBTC-RF 信号系统

CBTC-RF 信号系统指基于无线扩频通信传输方式的 CBTC 系统。系统基于交叉感应电缆环线，实现列车与地面间的双向数据传输。该信号系统的最大特点是应用比较成熟、轨旁设备少、抗干扰能力强、对列车的控制灵活。车地通信采用基于感应环线的传输系统实现。同时，列车通过交叉感应环线交叉点实现列车的定位校准，由车轴上的转速表示列车的位置。转速表和环线交叉一起共同确定列车的准确位置。CBTC-RF 信号系统车地通信的传输媒介采用自由空间无线传播。在轨旁设置无线接入点 AP 和定向天线，通常 AP 和无线天线采用冗余配置。

4. 信号系统降级模式

通过在每架信号机的位置配置有源应答器，根据信号机的显示，通过地面电子单元（LEU）进行编码，向车载设备报告前方移动授权进路终端；列车根据自身定位、进路情况和车载线路地图计算安全防护曲线，指示、监督司机正常驾驶。进路一般由出站信号机到进站信号机，通常设置保护区段或者重叠区，行车能力高于联锁站间闭塞方式。驾驶模式为 ATP 监督下的人工驾驶，行车安全由设备保障。

5. ATS 子系统

ATS 子系统作为地铁信号控制系统的一个重要组成系统，与微机联锁、轨旁 ATC 设备、车载 ATC 设备、发车指示器等其他信号系统一起工作，实现信号设备的集中监控，并控制列车按照预先制订的运营计划在正线内自动运行。同时，ATS 子系统与时钟、无线、ISCS 等接口，获取外部系统采集的数据，与信号系统的数据相综合，为控制中心和车站的行调和值班人员提供一个丰富的现场状况显示，供其制定调度决策。ATS 通过接口向外部系统提供信号和列车运行的相关数据，供这些系统完成自身的工作。控制中心

ATS 系统结构如图 2-5 所示。

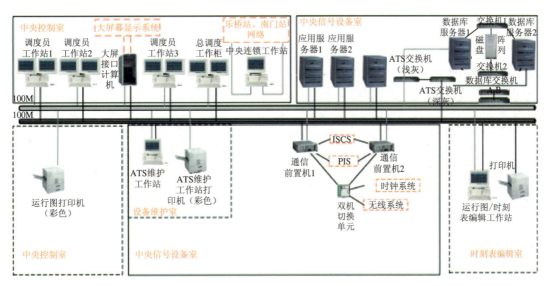

图 2-5　控制中心 ATS 系统结构示意图

CATS 应用服务器是 ATS 子系统的数据处理中枢，它在获得全线车站、车辆段/停车场及外部系统的数据后，将 HMI 显示、告警、列车状态等各种信息发往各 ATS 工作站和指示屏显示。它负责列车运行和计划相关事务，并处理调度人员、维护人员、车辆段/停车场派班人员的各种操作请求，并发送到相关系统执行。它保存系统日常运行的各种数据，供各类事后分析和回放。

CATS 应用服务器还负责通过通信前置机向无线、综合监控系统等外部系统发送相应的信息。CATS 应用服务器为双机热备冗余设计，备机实时从主机获得同步的各种数据，可以实现无扰切换。

调度工作站包括两个全屏幕的窗口，一个是运行图显示窗口，主要用于显示计划运行图和历史运行图，提供与运行图相关的操作，如运行图修改、打印等；另一个是 HMI 窗口，主要用于显示系统设备状态、站场设备状态、时间、报警等，提供 HMI 相关的操作，如联锁控制、列车运行控制、车辆管理、职责和授权、报警管理及报表等。调度工作站的两个显示器输出控制相对独立，一个显示器故障，可由另一台显示器完成全部的显示及控制功能。各个调度工作站在硬件和软件上具有相同的结构，根据登录用户角色和控制区域的不同来完成不同的功能，如果一台调度员工作站发生故障，另一台调度员工作站可以接管其控制区域。

（三）信号系统全自动相关功能

1. 远程单端 ATC 重启

在列车车载信号设备发生故障的情况下，可由控制中心操作，远程重启车载信号设

备，避免在无人驾驶情况下需要司机登乘进行处置等情况。

2. 远程立即停车的执行和取消

在全自动运行模式下，列车在特殊情况下可由控制中心操作，远程对列车施加紧急制动操作或快速制动操作，防止列车自行动车，在具备行车条件后由控制中心远程操作以缓解列车紧急制动。该功能可对线路上运行的列车施加。

3. FRM 运行检查

FRM（远程限制运行模式）运行主要检查指定方向区间是否空闲且允许列车进入 FRM 模式。该命令需对列车运行方向前端占用的逻辑区段进行操作，同时需指定检查方向。接收到命令后，检查以下项目：

（1）运行区域内的所有区段、道岔及岔心均为可用状态，且已被与检查方向相同的进路征用；

（2）区域内无其他列车或轨道占用；

（3）区域内无 RAUZ（运行授权区域）激活；

（4）区域内限速高于 FRM 运行限速；

（5）区域内驾驶模式限制为"无限制"；

（6）区域内无车挡或 ATP 边界；

（7）区域的长度与 FRM 运行距离一致。

若上述检查中有至少一项未通过，则该命令反馈一个"检查失败"状态，即使 WCU_ATP 反馈"检查失败"，调度仍可使用"进入 FRM"远程命令使列车以 FRM 模式运行。即该检查的结果不影响列车进入 FRM 模式或以 FRM 模式运行。

4. FRM 模式

在车地通信正常情况下，列车失去定位时触发紧急制动，可通过远程指令启动全自动 FRM 模式，限制列车以规定速度运行一定距离直至再次获得定位。列车前方道岔位置、与前行列车距离及前方防护信号机是否开放等，均由行调进行确保。

5. 道岔强制表示

当道岔故障的情况下，如道岔两侧都无法使用或无变更进路，则人工钩锁道岔。可通过远程道岔强制命令，将此道岔设置指定的表示，人工限速后，列车可以通过。

6. 确认站台门异常开启

当站台无列车但站台门"关门且锁闭"状态丢失时，TGMT 检测到站台门异常开启，立即触发站台的 TGMT-RAUZ 区域，以阻止列车进入站台区域或在站台区域内移动。

当站台门状态恢复后，为防止当有乘客或物品跌落到轨道上时列车自动发车，TGMT-RAUZ 区域不会自动取消，此时操作员通过与站台人员确认后，执行"确认站台门异常开启"命令，TGMT-RAUZ 取消，远程缓解紧急制动后，列车可继续运行。

7. 列车唤醒

通过系统自动或人工就地对休眠的列车实施列车启动作业，唤醒的方式包括自动唤醒、远程人工唤醒、就地人工唤醒三种。

（1）自动唤醒。

自动唤醒根据当日派班计划，由系统根据列车图确定出库时间，自动发送唤醒指令至列车，实现自动唤醒，列车被自动唤醒后将进入列车综合自检。

（2）远程人工唤醒。

通过操作中央 ATS 的列车工作转换功能，将休眠的列车工况转换至唤醒工况，实现列车唤醒指令的远程发送，列车远程人工唤醒后将进入列车综合自检。

（3）就地人工唤醒。

通过司机旋转/按压列车驾驶室的"休眠"旋钮至休眠位，实现列车就地唤醒，列车就地人工唤醒后将进入列车综合自检。

8. 列车休眠

通过系统自动或人工就地对需要实施休眠的列车发出休眠指令，列车休眠的方式包括自动休眠、远程人工休眠及就地人工休眠三种。

（1）自动休眠。

列车根据当日回库计划，以 FAM-CBTC 模式自动运行回库至停车股道或正线休眠区后，在一定时间内（时间可调）无新运行任务的情况下，系统自动发出休眠指令至列车。

（2）远程人工休眠。

通过操作中央 ATS 的列车工作转换功能，将 FAM-CBTC 模式的列车工况转换至休眠工况，实现列车休眠指令的远程发送。

（3）就地人工休眠。

通过司机按压列车驾驶室的"休眠"按钮，实现列车就地休眠。

9. 列车综合自检

FAM-CBTC 模式列车在车场或正线休眠区唤醒成功后，列车启动综合自检，综合自检成功完成，代表列车具备以 FAM-CBTC 运行的状态，列车综合自检完成，信息在中央 ATS 及列车 DDU 面板有相应的显示。列车在综合自检过程中，禁止任何人员开启司机室侧门或乘务门，否则列车综合自检将无法通过。

10. 远程蠕动授权

在全自动运行模式下，当列车发生车辆网络故障或车辆网络与信号网络之间通信故障时，列车停车后，在无司乘人员干预下，由控制中心人工确认，采用备用接口在信号系统的防护下，直接控制车辆的牵引制动系统以规定速度运行至站台，或运行至由中心指定的目的地。

11. 远程鸣笛

在全自动运行模式下，列车可由控制中心操作执行远程鸣笛作业，提示附近的工作人员，列车即将动车，请注意安全。

12. 远程开、关门

行车调度可对列车进行远程开、关门操作。

13. 远程旁路客室门关闭/锁闭环路

在全自动运行模式下，列车车门发生故障的情况可以由控制中心在确认安全的情况下远程将车门信息切除，避免出现列车无法动车的情况。

14. 人员防护开关

人员防护开关（SPKS）设置于室内及轨旁，为运营及维护人员进入自动化区域提供安全防护。人员防护开关激活后，全自动运行系统为其建立安全防护分区，分区内的列车立即停车或保持静止状态不发生移动，分区外的列车不允许进入分区内。经由安全防护分区的所有列车及调车进路始端的信号机不允许开放，已开放的信号应立即关闭。经由安全防护分区的保护区段状态设置为"未锁闭"。

15. 跳跃功能

全自动运行系统控制列车以低速、短距离的模式运行，该模式用于车辆在未精确停车的情况下再次进行精确对标。

16. 雨雪模式

这是一种用于应对雨雪等恶劣天气的运行模式，在该模式下，全自动运行系统通过限制列车最高运行速度、降低牵引力和制动力等策略来提高列车在恶劣天气下的可用性。

二、机电类设备介绍

（一）站台门系统

（1）站台门系统由机械和电气两部分构成，机械部分包括门体结构和门机传动系统，电气部分包括电源系统、控制系统及监视系统。地下车站设置屏蔽门，高架车站设置安全门。

（2）站台门门体结构由承重结构、门槛、顶箱、滑动门、固定门、应急门和端门组成。站台门的滑动门与列车客室门在位置、数量上对应。

（3）站台门具有障碍物检测及处理功能，并有障碍物故障报警功能。站台端头PSL、车控室 IBP 可进行整列站台门手动开关操作，滑动门 LCB 可以对单个滑动门进行手动开关和隔离，站台侧可用专用钥匙手动打开滑动门、应急门和端门，在轨道侧可以通过紧急解锁装置打开滑动门、应急门和端门。

（4）站台门与列车之间存在电位差。为确保乘客和工作人员的安全，在站台门与车辆之间设置等电位装置，通过电缆与钢轨相互连接消除电位差。

（5）站台门开关门优先级控制由低到高分别为车站级自动控制（信号系统发送开关门命令）、站台端头 PSL 控制、车站 IBP 控制、滑动门 LCB 控制、滑动门手动控制。

（6）站台门具有障碍物检测及处理功能，并有障碍物故障报警功能。

（7）在移动闭塞法组织行车时，电客车自动驾驶或 ATP 监督下人工驾驶模式进站，准确对标停车后可以实现车门与站台门联动开关功能。自动驾驶模式下，由信号系统自动发出开门指令，ATP 监督下人工驾驶模式下，由司机按压车门打开按钮发出开门指令。在进路闭塞法和区段闭塞法组织行车时，司机或站务人员需到站台端操作 PSL 打开站台门。

（二）防淹门系统

防淹门开门形式主要分为平开式和升降式两种。防淹门系统由机械设备和控制系统两部分组成。防淹门系统具备控制中心、车站、就地三级监视功能。闸门操作功能有自动和手动两种，按模式又分为远方（车控室）、就地和检修三种。

（三）火灾报警系统

火灾报警系统（FAS）包括车站、区间隧道、主变电所、控制中心、车场设置的火灾自动报警系统。

FAS 实行中央、车站两级管理模式，中央、车站、就地三级控制方式，由中央级、车站级、就地级、设备维修管理系统，以及 FAS 主干网构成。

（1）中央级设置在控制中心，作为全线火灾报警系统集中告警平台，与控制中心的综合监控、通信、信号等系统共同构成防救灾指挥管理平台。

（2）车站级设置在各地下车站、高架车站、车辆段和主变电所的车站控制室或消防值班室，实现车站及相邻区间或车辆段范围内的火灾报警，并与相关专业共同构成区域防救灾指挥平台。车站级 FAS 管辖范围包括车站及相邻半个区间的消防设备。

（3）就地级设置在地下车站、高架车站、区间隧道、车辆段、主变电所建筑内各防护区域，实现报警和相关设备的联动控制功能。

（4）设备维修管理系统设置在车辆段 FAS 工区及相关的工区办公室，负责对全线 FAS 设备进行监视和管理。

（5）通信系统为 FAS 系统提供四芯单模光纤（备用芯与其他系统共享），使全线

FAS形成信息传输单环主干网络，实现火灾报警信息、设备状态信息的传送。

（6）消防联动控制系统可实现消火栓系统、自动灭火系统、防烟排烟系统、防火卷帘、电动挡烟垂帘、消防广播、消防电源及应急照明、疏散指示、检票机、站台门、门禁、电扶梯等系统在火灾情况下的消防联动控制。

（四）综合监控系统

综合监控系统（ISCS）基本功能包括控制功能、监视功能、报警管理、趋势记录、报表生成、权限管理、系统组态、档案管理、系统维护和诊断。

1. 综合监控系统集成的子系统

综合监控系统集成的子系统有电力监控系统（PSCADA）、环境与设备监控系统（BAS）。

2. 综合监控系统界面集成的子系统

综合监控系统界面集成的子系统有广播系统（PA）、旅客向导系统（PIS）、闭路电视系统（CCTV）、门禁系统（ACS）。

3. 综合监控系统互联的子系统

综合监控系统互联的子系统有防灾报警系统（FAS）、站台门系统（PSD）、时钟系统（CLK）、防淹门（FG）、信号系统（SIG）、自动售检票系统（AFC）、感温光纤系统（GW）、通信集中告警系统（ALM）。

4. 全自动增设的内容

（1）综合监控系统在控制中心设置车辆调、乘客调工作站，具备对车辆的运行信息和故障信息的监控功能，具备对列车的调度、显示的功能。具备控制中心对车辆内车载通风空调系统、动力照明系统、火灾报警系统、CCTV、PIS、车门、牵引制动等设备的监控功能，以及紧急情况下的设备联动功能。

（2）车站、车辆段无人区门禁系统与信号SPKS具备接口功能，加强人员管理保障运营安全。

三、全自动线路车辆调系统介绍

（一）整体布局

1. 功能列表

车辆调系统中的功能包含车辆运行图、车辆列表和工具，其中车辆运行图二级菜单栏中包括正线列车图、车辆段列车图、停车场列车图；工具二级菜单栏中包括报表管理器、预案管理器。

2. 系统报警栏

系统报警栏如图 2-6 所示。

图 2-6　系统报警栏

（二）车辆运行图

可以在车辆调系统中"车辆运行图"菜单查看列车所在位置，使用鼠标左键点击（简称"左击"）车辆的图标可跳转到对应车辆的平面图。车辆平面图主要信息含义如表 2-1 所示。

表 2-1　车辆平面图主要信息含义

图标	说明
000000223 004	白色字体代表服务号，黑色字体代表车组号，无任何报警时如左图所示
000000223 006	"车在厂段"显示黄底，如左图所示
000000223 004	"车在休眠"显示灰底，如左图所示
000000223 004	收到信号传过来的报警（如区间停车、紧急制动、阻塞等），红框闪烁，如左图所示
000000222 022	收到车辆传过来的设备报警，左右端红显，如左图所示
000000223 004	收到火灾报警，闪烁火苗图样，如左图所示

（三）平面图

车辆调系统正线列车平面图如图 2-7 所示。

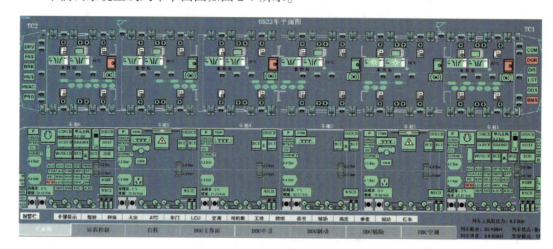

图 2-7　车辆调系统正线列车平面图

1. 报警信息栏功能操作

鼠标左击“报警信息栏”按钮，弹出对应车的报警信息栏，如图 2-8 所示。

日期/时间	严重性	设备	描述	值	M	D	A	操作员	L
2020/12/30 15:45:57	2	TRN23/TCMS/DOR/DOR	023车 车门系统 车门零速列车线（16）故障	故障					
2020/12/30 15:39:12	3	TRN23/TCMS/KLS1/KLS1	023车 车厢1 盖板和柜门 SEC2R柜门被打开_C1	打开					
2020/12/30 15:37:15	3	TRN23/TCMS/KLS4/KLS4	023车 车厢4 盖板和柜门 SEC2R柜门被打开_C4	打开					
2020/12/30 15:21:11	3	TRN23/TCMS/KLS1/KLS1	023车 车厢1 盖板和柜门 CLEC柜门被打开_C1	打开					
2020/12/30 15:40:39	1	TRN23/TCMS/PRO/PRO	023车 牵引系统 牵引快制列车线同时激活	未激活					
2020/12/30 15:40:39	1	TRN23/TCMS/PRO/PRO	023车 牵引系统 牵引制动指令未知	未激活					
2020/12/30 15:40:04	1	TRN23/TCMS/EARB/EARB	023车 紧急制动和快速制动 ATC触发的紧急制动_C1	未激活					
2020/12/30 15:40:04	1	TRN23/TCMS/EARB/EARB	023车 紧急制动和快速制动 ATC触发的紧急制动_C6	未激活					
2020/12/30 15:35:01	1	TRN23/TCMS/DOR/DOR	023车 车门系统 左侧紧急解锁允许	未激活					
2020/12/30 15:27:32	1	TRN23/TCMS/DOR/DOR	023车 车门系统 左侧紧急解锁允许	未激活					
2020/12/30 15:23:19	1	TRN23/TCMS/EARB/EARB	023车 紧急制动和快速制动 ATC触发的紧急制动_C1	未激活					
2020/12/30 15:23:19	1	TRN23/TCMS/EARB/EARB	023车 紧急制动和快速制动 无司机室激活触发的紧急制动	未激活					
2020/12/30 15:23:19	1	TRN23/TCMS/DOR/DOR	023车 车门系统 左侧紧急解锁允许	未激活					
2020/12/30 15:23:17	1	TRN23/TCMS/SELTEST/SEL...	023车 列车自检 驾驶系统行车/全面自检	正常					
2020/12/30 15:21:25	1	TRN23/TCMS/DOR/DOR	023车 车门系统 右侧紧急解锁允许	未激活					
2020/12/30 15:16:34	1	TRN23/TCMS/EARB/EARB	023车 紧急制动和快速制动 ATC触发的紧急制动_C6	未激活					
2020/12/30 15:16:34	1	TRN23/TCMS/EARB/EARB	023车 紧急制动和快速制动 ATC触发的紧急制动_C1	未激活					
2020/12/30 15:16:06	1	TRN23/TCMS/EARB/EARB	023车 紧急制动和快速制动 ATC触发的紧急制动_C1	未激活					
2020/12/30 15:16:06	1	TRN23/TCMS/EARB/EARB	023车 紧急制动和快速制动 ATC触发的紧急制动_C6	未激活					
2020/12/30 15:16:05	1	TRN23/TCMS/DOR/DOR	023车 车门系统 右侧紧急解锁允许	未激活					
2020/12/30 15:16:05	1	TRN23/TCMS/DOR/DOR	023车 车门系统 左侧紧急解锁允许	未激活					
2020/12/30 15:06:54	1	TRN23/TCMS/DOR/DOR	023车 车门系统 左侧紧急解锁允许	未激活					
2020/12/30 14:59:58	1	TRN23/TCMS/EARB/EARB	023车 紧急制动和快速制动 ATC触发的紧急制动_C1	未激活					
2020/12/30 14:59:58	1	TRN23/TCMS/EARB/EARB	023车 紧急制动和快速制动 ATC触发的紧急制动_C6	未激活					
2020/12/30 14:56:20	1	TRN23/TCMS/EARB/EARB	023车 紧急制动和快速制动 ATC触发的紧急制动_C1	未激活					
2020/12/30 14:56:20	1	TRN23/TCMS/EARB/EARB	023车 紧急制动和快速制动 ATC触发的紧急制动_C6	未激活					
2020/12/30 14:50:06	1	TRN23/TCMS/EARB/EARB	023车 紧急制动和快速制动 ATC触发的紧急制动_C1	未激活					
2020/12/30 14:50:06	1	TRN23/TCMS/EARB/EARB	023车 紧急制动和快速制动 ATC触发的紧急制动_C6	未激活					
2020/12/30 14:46:10	1	TRN23/TCMS/EARB/EARB	023车 紧急制动和快速制动 ATC触发的紧急制动_C1	未激活					
2020/12/30 14:46:10	1	TRN23/TCMS/EARB/EARB	023车 紧急制动和快速制动 ATC触发的紧急制动_C6	未激活					
2020/12/30 15:42:51	2	TRN23/TCMS/DOR/DOR	023车 车门系统 车门零速列车线（16）故障	正常					
2020/12/30 15:40:06	2	TRN23/TCMS/DOR/DOR	023车 车门系统 车门零速列车线（16）故障	正常					
2020/12/30 15:35:15	2	TRN23/TCMS/DOR/DOR	023车 车门系统 车门零速列车线（16）故障	正常					
2020/12/30 15:27:47	2	TRN23/TCMS/DOR/DOR	023车 车门系统 车门零速列车线（16）故障	正常					
2020/12/30 15:24:54	2	TRN23/TCMS/DOR/DOR	023车 车门系统 车门零速列车线（16）故障	正常					
2020/12/30 15:21:25	2	TRN23/TCMS/DOR/DOR	023车 车门系统 左侧门联锁继电器或回路	正常					

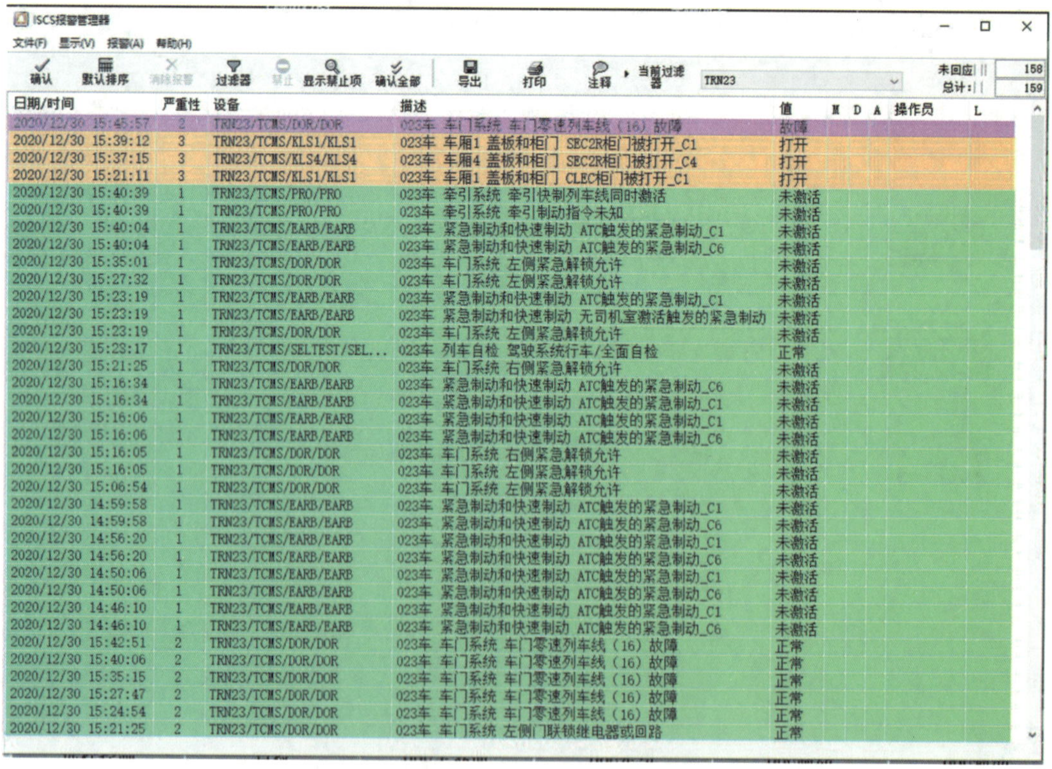

图 2-8　报警信息栏

2. 设备监控功能操作

鼠标左击平面图中任一个设备，弹出对应监控面板信息，如图 2-9 所示。

图 2-9　监控面板

（四）远程控制

鼠标左击平面图下方菜单栏的"远程控制"按钮，弹出远程控制界面，如图 2-10 所示。

图 2-10　远程控制按钮

移转到远程控制界面，如图 2-11 所示。

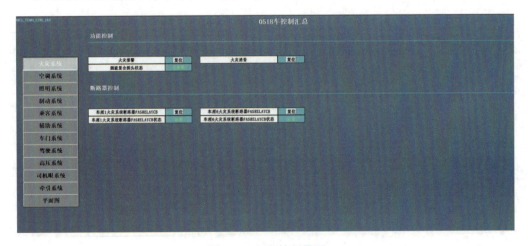

图 2-11　远程控制界面

（五）自检

鼠标左击平面图下方菜单栏的"自检"按钮，如图 2-12 所示。

图 2-12　"自检"按钮

转到自检界面，如图 2-13 所示。

图 2-13　自检界面

（六）DDU 主界面

鼠标左击平面图下方菜单栏的"DDU 主界面"按钮，如图 2-14 所示。

图 2-14　"DDU 主界面"按钮

转到 DDU 主界面，如图 2-15 所示。

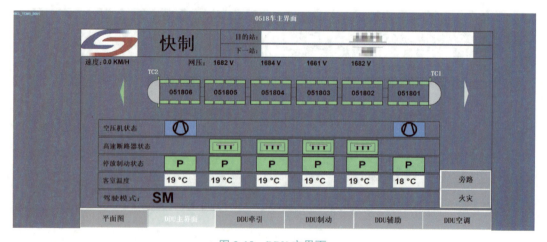

图 2-15　DDU 主界面

（七）车辆列表

鼠标左击一级菜单栏中的车辆列表，弹出车辆列表图，如图 2-16 所示。蓝灯显示表示未与信号通信上的车，其余颜色说明与正线列车图的颜色说明一致。

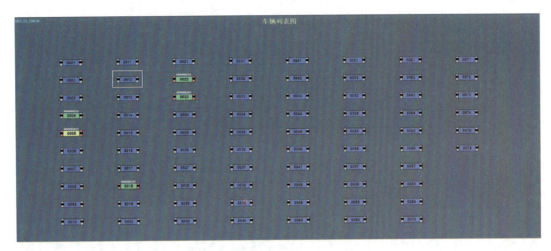

图 2-16 车辆列表图

四、全自动线路乘客调系统介绍

（一）整体布局

1. 功能列表

乘客调系统功能包含主界面、开关站状态、乘客信息、视频监控、广播、报表等。

2. 系统工具栏

系统工具栏如图 2-17 所示。

图 2-17 乘客调系统工具栏

3. 系统报警栏

系统报警栏如图 2-18 所示。

图 2-18 系统报警栏

(二)主界面

1. 列车信息显示

如图 2-19 所示为系统主界面,列车实时显示当前位置及状态信息。

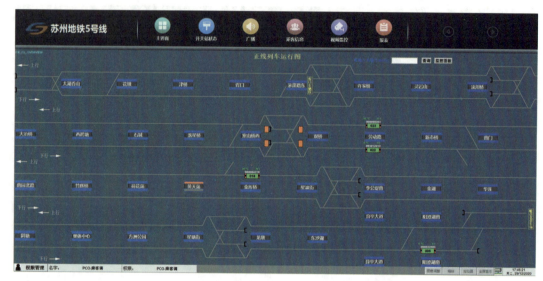

图 2-19 主界面(列车信息显示界面)

(1)根据轨道号及车组号,可获取当前列车所在位置,如图 2-19 所示。

(2)列车状态信息也显示在图 2-19 中。列车状态信息的种类如表 2-2 所示。

表 2-2 列车状态示例

示例图	说明
	示例图
	列车左上角为列车车厢内平均温度,右上角为平均载重
	车体上的数字表示车组号
	车体绿色表示该车在正线
	车体绿色表示该车处于休眠状态
	表示列车火灾,会显示并闪烁
	车上方的数字表示该车服务号
	当列车发生火灾或阻塞时,会显示并闪烁
	表示列车此时有故障发生

（3）鼠标左击该车图标可切换到该车平面图。

2. 车站监控

（1）视频监控。鼠标左击车站时，跳转至该站的闭路电视监控画面。

（2）站台门监控。站台门监控状态信息的种类如表2-3所示。

表2-3　站台门监控状态示例

示例图	说明
	表示至少一道站台门有故障
	表示所有站台门都关闭
	表示至少一道站台门状态未知
	表示所有门或至少一道站台门打开

（3）防淹门监控。防淹门监控状态信息的种类如表2-4所示。

表2-4　防淹门监控状态示例

示例图	说明
	上升极限位，比中间位略高表示
	中间位
	关门到位，比中间位略矮，会快闪
	启闭机位置未知
	开门到位
	启闭机过载，图标和中间位一样，但是会慢闪表示为过载

（三）开关站状态

权限车站开关站状态监控信息主要显示各个专业当前状态，"未知"表示与该专业无数据传输。

1. 自动广播

选中具体车站区域后，选择要播放的广播加入广播信息中即可播放。有喇叭的位置表示该站此处正在播放广播。

2. 人工广播

鼠标左击"人工广播"按钮后切换至人工广播，人工广播播放后，对应区域会显示状态；再次点击"人工广播"切换回自动广播。

3. 外接广播

当接入外接设备，广播系统（PA）告知已接入设备后，可以开启外接广播，外接广播图标为 ，其他同前。

（四）乘客信息

乘客信息内容可参考上一段"广播"的介绍，与"广播"操作不同的是发送指令后无图标显示。

（五）视频监控

1. 主界面

视频监控主界面如图 2-20 所示。

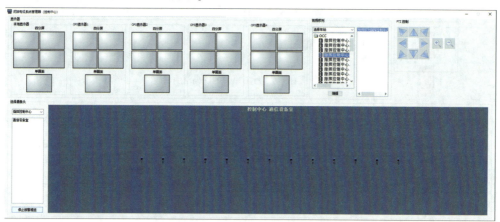

图 2-20 视频监控主界面

2. 自定义广播群组

鼠标右击摄像头选择要显示的位置，即可在软件上方显示，如图 2-21 所示。

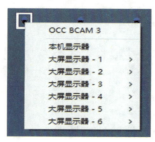

图 2-21 自定义广播群组

3. 视频序列

视频序列可用于自定义所需播放的摄像头，编辑后应用即可，如图 2-22 所示。

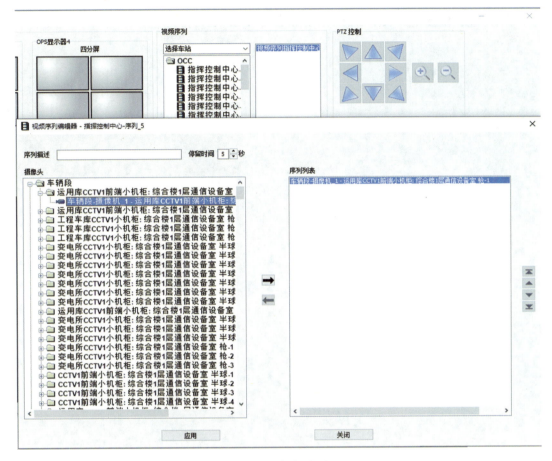

图 2-22　视频序列

4. PTZ 控制

当选中的摄像头为球机后，启用 PTZ 控制，可以控制摄像头的旋转及缩放，如图 2-23 所示。

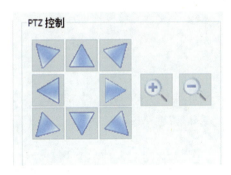

图 2-23　PTZ 控制

5. 报警推送

图标 [报警自动推送] 表示报警时 CCTV 自动推送。

图标 [停止报警推送] 表示当前已停止报警时 CCTV 自动推送。

技能实训

实训 1　车辆故障时，全自动线路车辆调系统操作

1. 实训内容

列车发生车辆类故障时，全自动线路通过车辆调系统的处置方法。

2. 实训目标

熟练掌握车辆类故障的处置思路和车辆调系统的操作方法。

3. 实训方法

要求学员根据车辆类故障的处置流程，运用全自动线路的车辆调系统准确进行故障处置作业。

实训 2　乘客按压"紧急呼叫"按钮的处置

1. 实训内容

列车上有乘客按压"紧急呼叫"按钮时，全自动线路和非全自动线路的处置方法。

2. 实训目标

熟练掌握列车"紧急呼叫"按钮被按压时，全自动和非全自动线路的处置方法。

3. 实训方法

要求学员按照规定的处置流程，准确进行处置作业。

实训 3　全自动线路信号系统的远程命令练习

1. 实训内容

西门子系统和卡斯柯系统的各种信号元素操作练习。

2. 实训目标

熟练掌握西门子系统和卡斯柯系统各种信号元素的操作方法，掌握全自动线路的远

程命令操作方法。

3. 实训方法

要求学员按照信号系统的操作说明和规范,准确进行各类信号元素的操作作业。

实训 4　信号系统道岔短闪的处置

1. 实训内容

信号系统出现道岔短闪时的处置步骤和方法。

2. 实训目标

熟练掌握信号系统出现道岔短闪时的处置步骤和方法,掌握该情况下如何进行行车调整工作。

3. 实训方法

要求学员按照道岔短闪事件的处置规范,准确进行应急处置操作作业,正确调整行车秩序。

项目训练

➢ 初级

1. 进路的建立是指进路开始排列、到防护该进路的信号机（始端信号机）开放这一过程。其过程分成三段：_____、_____、_____。

2. 要建立进路，必须满足以下两个条件：_____；在排列进路前或在排列进路的过程中，_____。

3. 防淹门的开门形式主要分为_____和_____两种。防淹门系统由机械设备和控制系统两部分组成。

4. 防淹门系统具备_____、_____、_____三级监视功能。

5. 站台门由_____、_____、_____、_____组成。

6. 唤醒的方式包括_____、_____、_____三种。

7. 列车休眠的方式包括_____、_____、_____三种。

8. 车辆调系统中车辆列表中蓝灯显示表示_____。

➢ 中级

9. 在移动闭塞法组织行车时，电客车_____或_____模式进站准确对标停车后可以实现车门与站台门联动开关功能。在进路闭塞法和区段闭塞法组织行车时，司机或站务人员须到_____打开站台门。

10. 进路的监控层级分为监控层和非监控层，监控层级从低到高包括_____、_____、_____。

11. 防灾报警系统（FAS）包括车站、区间隧道、_____、_____、_____设置的火灾自动报警系统。

12. 综合监控系统集成的子系统有_____、_____。

13. 综合监控在控制中心设置车辆调、乘客调工作站，具备对_____、_____的监控功能，具备对列车的调度、显示功能。

➢ 高级

14. 在 ITC 模式下，按压紧急停车按钮后，将关闭_____、_____信号机（西门子系统）。

15. SICAS ECC 系统是一个基于计算机的，具有_____信息处理的联锁系统。

16. 进路解锁可分为：_____、_____、_____。

17. 若进路中有道岔（含侧防的道岔）出现挤岔、转不到位或连接中断的故障，则在排列进路后故障道岔（能或不能）被征用，但联锁系统保持检查故障道岔的征用条件，当道岔恢复正常，且在需要时执行_____或_____命令后，道岔能被征用。

18. 进路的排列条件：_____、_____、_____、_____、_____、_____。

19. 雨雪模式下，全自动运行系统通过_____、_____等策略来提高恶劣天气下的可用性。

20. 列车综合自检成功完成代表_____。列车在综合自检过程中，禁止任何人员开启司机室侧门或成武门，否则_____。

项目三　日常工作交接

学习目标

（1）掌握行调的分工协作要求；

（2）掌握行调交接的内容；

（3）掌握行调白班、夜班工作内容；

（4）掌握全自动运行线路场地调度员（简称"场调"）、乘客调、车辆调一日工作内容。

技能目标

（1）掌握行调该如何交接；

（2）掌握行调白班和夜班分别需要做什么；

（3）掌握全自动运行线路是如何调度的。

知识学习

一、行调分工及工作交接

（一）两名行调编制分工协作要求

1. 正常情况

（1）行调 1 主要负责列车运行控制，接听列车司机的呼叫，向列车司机发布相关行车指令。

（2）行调 2 主要负责监听有线调度电话，接听车站、车场、检修调度员（简称"检调"）的呼叫，向车站、车场等发布相关行车指令及通报相关行车信息。

（3）行调2主持夜间施工组织，行调1协助行调2开展施工组织；行调1负责次日运营前检查、早间按图行车，行调2协助行调1早间按图行车。

（4）两名行调之间互相配合、加强沟通，避免出现遗漏或重复作业，共同完成行车指挥工作任务。

2. 非正常情况

（1）行调1主要负责故障（事故）点的处理，向值班调度长及有关行车岗位通报故障（事故）信息，跟踪故障（事件）处理情况，协助行调2做好行车调整。

（2）行调2主要负责故障（事故）点外的列车运行调整，向车站、车场通报运营调整、列车晚点信息。

（3）两名行调之间互相配合、加强沟通，严格执行手指、口呼自确认及双确认制度，共同完成行车指挥工作。

（二）三名行调编制分工协作要求

1. 正常情况

（1）行调1、2主要负责列车运行控制，接听列车司机的呼叫，向列车司机发布相关行车指令。

（2）行调3主要负责监听有线调度电话，接听车站、车场、检调的呼叫，向车站、车场等发布相关行车指令及通报相关行车信息。

（3）行调3主持夜间施工组织，行调1、2协助行调3开展施工组织；行调1、2负责次日运营前检查、早间按图行车。

（4）三名行调之间互相配合、加强沟通，避免出现遗漏或重复作业，共同完成行车指挥工作任务。

2. 非正常情况

（1）行调1主要负责故障（事故）点的处理，向值班调度长及有关行车岗位通报故障（事故）信息，跟踪故障（事件）处理情况，协助行调2做好行车调整。

（2）行调2主要负责故障（事故）点外的列车运行调整，向车站、车场通报运营调整、列车晚点信息。

（3）行调3主要负责通知邻线行车影响信息及协助行调1、行调2向有关车站、车场通报运营调整、行车影响信息等。

（4）三名行调之间互相配合、加强沟通，严格执行手指口呼自确认及双确认制度，共同完成行车指挥工作。

(三) 全自动运行线路调度职责分工

（1）运营调度员（简称"运调"）1、2 负责统筹并开展车辆段及 A 联锁区生产运作，运调 2 负责车辆段夜间施工及配合运调 4 完成夜间正线施工作业。

（2）运调 3 负责 B、C 联锁区行车组织，负责正线早运营前检查，协助完成车辆段早出场组织。

（3）运调 4、5 负责统筹并开展停车场、D 联锁区生产运作，运调 4 负责停车场夜间施工及正线施工作业。

（4）运调 6 负责车辆调及乘客调岗位职责，协助运调 5 完成车辆段或停车场早出场组织。

（5）现场场调负责对每班作业计划进行预想，全面掌握车场施工、行车情况；接收 OCC 场调、行调发布的相关命令，执行并做好监控；办理 B1、B2 类施工请点、销点登记，登记后电话告知 OCC 场调；办理日常库内不动车的非运用车作业，临时下轨行区、防区内不侵入轨行区作业的请点、销点登记，登记后电话告知 OCC 场调；运营结束后，按照 OCC 场调授权命令，批准授权区域内库内不动车的非运用车作业的请销点工作；办理 C1、C2 类施工请点、销点登记及审批；根据 OCC 场调命令，远程设置/撤除 SPKS 防护；需要场调签字的交接单等由现场场调根据 OCC 场调命令签字；应急情况下，作为先期现场负责人前往现场处置；根据 OCC 场调命令，借出、收回相应编号的铁鞋；现场场调负责后备控制中心的值守等。

（6）车辆段故障，在不影响正线运营时，由运调 1、2 负责；停车场故障，在不影响正线运营时，由运调 4、5 负责；正线 4 个联锁区内小故障，由运调 2、3、4 负责各自联锁区，运调 3 主导；正线及场段均故障时，优先处置正线故障；正线大面积故障或发生影响全线、局部的故障时，由值班调度长统筹分工。

（7）原则上信息发布按区域及职责分工负责。

（8）特殊情况下，根据当天实际生产任务，由值班调度长统筹安排人员分工。

(四) 行调工作交接

1. 生产情况跟进

生产情况跟进包含生产情况及重要交班事项、未闭环需跟进的故障或事项、安全工作及注意事项。

2. 调度长布置当班工作

（1）调度长对交班事项、生产运作要求及变更进行传达，对知识点解惑答疑，确保调度员了解交班背景及原因。

(2)开展班组安全教育,布置当班重要工作。具体工作有:

① 重要工作(如一级保障、重要接待、专列、演练及测试项目等)。

② 近期国内外安全事件、疫情防控要求等。

③ 近期违章违纪事件。

④ 季节性(含恶劣天气)、阶段性易发、频发故障、事件等。

(3)抽问调度员"学一条、背一条"相关业务知识。

> **小贴士**
>
> 行调交接班注意事项
>
> (1)班组交接班开始时间:白班08:15,夜班18:45,视频会议系统提前测试好。
>
> (2)各专业调度员汇报过的故障,设备调度员(简称"设调")可做补充说明,无须重复汇报。
>
> (3)班组日常管理、邮件内的一般工作、施工预想、业务培训等内容不在交接班会上进行讨论,一律在班中空闲时段进行。
>
> (4)班会后由各专业调度员汇报并总结当班期间工作中存在的问题,调度长点评并对班中存在的问题提出整改措施和整改要求。

二、工作内容

(一)全自动运行线路行调一日工作内容

1. 白班

(1)按照"正线调度班6S交接班"流程完成班前作业准备。

(2)填写各类交接台账及记录本。

(3)接班后、班中、交班前跟进行车设备故障处理情况。

(4)监控列车运行、设备运作及客流情况。

(5)处理正线运营期间行车设备故障及突发事件,做好列车运行调整及相关工作记录。配合抢险、抢修工作,维持最大限度运营,协助完成事件专报及运营日报。

(6)协调本线与另一条线路之间的客流组织。

(7)按照《运营时刻表》的要求组织列车出回场。

(8)审核施工、过线、套跑、转场计划,发现冲突及时向值班调度长汇报;参照施工预想模板对本日白班及次日夜班的施工内容进行预想。

(9)整理本班工作记录,填写交接班记录本,与夜班行调做好交接班。

2. 夜班

（1）按照"正线调度班 6S 交接班"流程完成班前作业准备。

（2）填写各类交接台账及记录本。

（3）接班后、班中、交班前跟进行车设备故障处理情况。

（4）监控列车运行、设备运作及客流情况。

（5）处理正线运营期间行车设备故障及突发事件，做好列车运行调整及相关工作记录。配合抢险、抢修工作，维持最大限度运营，协助完成事件专报及运营日报。

（6）协调本线与另一条线路之间的客流组织。

（7）参照施工预想模板对当晚施工、过线、套跑作业再次进行预想，掌握安全关键点，提前拟定当晚需发布的调度命令。

（8）按照《运营时刻表》的要求组织列车回场。

（9）按规定向车站、车场、司机发布书面调度命令。

（10）根据计划组织工程车/调试列车出入场、列车套跑、列车过线、列车转场；必要时，按规定组织封锁区域内列车转线。

（11）根据施工计划及时组织接触网停送电。

（12）及时组织施工请销点。

（13）及时做好运营前准备工作。

（14）按照《运营时刻表》的要求组织列车出场。

（15）整理本班工作记录，填写交接班记录本，与白班行调做好交接班。

（二）全自动运行线路场调一日工作内容

1. 白班

（1）完成班前作业准备。

（2）填写各类交接台账及记录本。

（3）接班后、班中、交班前跟进车场行车设备故障处理情况。

（4）监控场内列车运行及行车设备运行情况。

（5）处理车场行车设备故障并做好列车运行调整、相关工作记录；配合抢险、抢修工作，协助完成事件专报及运营日报。

（6）按照《运营时刻表》的要求与行调协同组织做好列车出回场。

（7）审核施工、转场计划，发现冲突及时向值班调度长汇报；对本日白班及次日夜班的施工内容进行预想。

（8）整理本班工作记录，填写交接班记录本，与夜班场调做好交接班。

2. 夜班

(1) 完成班前作业准备。

(2) 填写各类交接台账及记录本。

(3) 接班后、班中、交班前跟进车场行车设备故障处理情况。

(4) 监控场内列车运行及行车设备运行情况。

(5) 处理车场行车设备故障并做好列车运行调整、相关工作记录；配合抢险、抢修工作，协助完成事件专报及运营日报。

(6) 对当晚施工、转场、套跑作业再次进行预想，掌握安全关键点。

(7) 按照《运营时刻表》的要求与行调协同组织做好列车出回场。

(8) 根据计划组织工程车/调试列车出入场、列车套跑、列车转场。

(9) 及时做好运营前准备工作。

(10) 整理本班工作记录，填写交接班记录本，与白班场调做好交接班。

（三）全自动运行线路乘客调一日工作内容

1. 白班

(1) 完成班前作业准备。

(2) 填写各类交接台账及记录本。

(3) 监控正线车站及列车客流情况。

(4) 遇线路运营突发事件影响线路运行时，经值班调度长审核同意后发布线路运营信息；督促车站做好现场客流组织及相关工作记录，协助完成事件专报及运营日报。

(5) 整理本班工作记录，填写交接班记录本，与夜班乘客调做好交接班。

2. 夜班

(1) 完成班前作业准备。

(2) 填写各类交接台账及记录本。

(3) 监控正线车站及列车客流情况。

(4) 遇线路运营突发事件影响线路运行时，经值班调度长审核同意后发布线路运营信息；督促车站做好现场客流组织及相关工作记录，协助完成事件专报及运营日报。

(5) 及时做好运营前准备工作。

(6) 整理本班工作记录，填写交接班记录本，与白班行调做好交接班。

（四）全自动运行线路车辆调一日工作内容

1. 白班

(1) 完成班前作业准备。

（2）填写各类交接记录。

（3）监控运营列车设施设备情况，遇列车故障及时与行调/场调做好信息流转，并根据其要求做好配合操作及列车后续运行监护。

（4）做好列车专业系统设备故障信息受理、通报、跟踪及统计工作，配合做好现场车辆设备故障引起的应急抢修组织及协调工作。

（5）协助完成事件专报及运营日报，落实应急信息流转及转发工作。

（6）整理本班工作记录，填写交接班记录本，与夜班车辆调做好交接班。

2. 夜班

（1）完成班前作业准备。

（2）填写各类交接记录。

（3）做好运营开始前设施设备确认工作，配合做好运营计划用车的状态确认，掌握列车自检情况。

（4）监控运营列车设施设备情况，遇列车故障及时与行调/场调做好信息流转并根据其要求做好配合操作及列车后续运行监护。

（5）做好列车专业系统设备故障信息受理、通报、跟踪及统计工作，配合做好现场车辆设备故障引起的应急抢修组织及协调工作。

（6）协助完成事件专报及运营日报，落实应急信息流转及转发工作。

（7）整理本班工作记录，填写交接班记录本，与白班车辆调做好交接班。

技能实训

实训 行调分工及工作内容实践

1. 实训内容

某日早高峰时段,某市地铁某号线×站下行出站 200 m 处发现接触网异物,影响行车。请阐述设置两名行调的行调分工及各自负责的管辖区域级指挥内容。

2. 实训目标

要求学员熟练掌握设置多名行调时,在不同场景下各行调的分工及工作内容。

3. 实训方法

要求学员根据事件场景,正确、详细、清晰地阐述各行调的具体分工和工作内容。

项目训练

[该部分题目适用于三级（高级工）、四级（中级工）、五级（初级工）]

一、填空题

1. 两名行调编制时，行调 2 主持_____，行调 1 协助行调 2 开展_____；行调 1 负责_____、_____，行调 2 协助行调 1 _____。

2. 三名行调编制时，行调 3 主持_____，行调 1、2 协助行调 3 开展_____；行调 1、2 负责_____、_____。

3. 全自动线路，车辆段故障不影响正线运营时，由_____负责；停车场故障不影响正线运营时，由_____负责；正线 4 个联锁区内小故障，由_____负责各自联锁区，运营调度员 3 主导。

4. 三名行调编制分工协作要求中，正常情况下的安排：行调 3 主持_____，行调 1、2 协助行调 3 开展施工组织；行调 1、2 负责_____、早间按图行车。

5. 行调一日工作内容中夜班，参照施工预想模板对当晚_____作业再次进行预想，掌握安全关键点，提前拟定当晚_____。

6. 三名行调编制分工协作要求中，非正常情况下的安排：行调 1 主要负责_____，向值班调度长及有关行车岗位通报故障（事故）信息，跟踪故障（事件）处理情况，协助行调 2 做好行车调整；行调 2 主要负责_____，向车站、车场通报运营调整、_____。

二、简答题

7. 两名行调编制情况下的分工协作要求是什么？
8. 三名行调编制情况下的分工协作要求是什么？
9. 全自动运行线路的调度职责分工是什么？
10. 行调交接的内容有哪些？
11. 全自动运行线路乘客调一日工作内容有哪些？

项目四　正常行车组织

学习目标

（1）掌握线路运营前的检查要求；
（2）掌握列车接发作业标准；
（3）掌握全自动线路驾驶模式的转换和更换列车作业要求。

技能目标

（1）掌握列车出场作业步骤；
（2）掌握列车折返换端作业步骤；
（3）掌握列车回场作业步骤；
（4）掌握工程车、调试列车的开行作业步骤；
（5）掌握列车过线作业步骤；
（6）掌握全自动线路车场行车作业内容和步骤。

◆ 知识学习

一、运营前检查

（一）运营前检查规定

（1）行调确认相关车站施工全部销点、工程车/调试车已离开有岔站信号系统规定所属管辖范围（若工程车/调试车正线过夜，工程车/调试车须到达指定过夜地点且后续不再移动，检查施工调度系统或施工相关台账），通知有岔站测试 LOW/LHMI，设备正常收回控制权后行调测试 HMI、CLOW/CHMI（包含确认道岔、信号机、计轴区段、限速值等状态符合运营要求）。

(2) 与电力环控调度员（简称"电环调"）确认接触网带电状态。

(3) 检查列表中全部《运营时刻表》均已加载并确保当日时刻表正确激活、计划线齐全。

(4) 测试 ISCS、有线调度台、无线调度台、800M 无线手持台等设备状态。

(5) 确认列车出场顺序表。

(6) 准备或授权车站准备上下行压道车运行进路。

(7) 与车站、车场核对以下内容：当前时间、当日《运营时刻表》《运营前准备工作检查记录表》中各项检查情况。

(二) 非全自动线路运营前检查作业

(1) 运营开始前，相关岗位人员等应确认施工销点、线路出清、设备状态、行车计划准备等情况并报行调。OCC 行调应将运营前检查结果上报 NCC，NCC 对各 OCC 运营前检查开展情况进行监督。

(2) 在首班压道车出场前规定时间内，行调应与现场行车岗位人员核实相关行车岗位运营前检查情况，并在系统上做好记录。

(3) OCC 电环调应向行调汇报所辖接触网供电、机电、环控设备的运行情况。

(4) 车站运营前检查汇报以下内容：正线及其辅助线施工区域是否出清，接触网是否带电，站台有无异物侵入限界；通信设备、站台门、信号设备功能及状态是否满足运营行车要求，是否存在影响使用、影响行车或客运的故障情况；人员是否到位，行车备品是否齐备完好。

(5) 车场运营前检查汇报以下内容：车组出回场相关线路施工区域出清情况，接触网供电情况；通信、信号设备功能及状态是否满足行车要求，是否存在影响使用、影响行车的故障情况；人员是否到位，行车备品是否齐备完好；当日使用电客车、备用电客车安排及司机配备情况。

(三) 全自动线路运营前检查作业

(1) 运作命令规定首班压道车出场前 45 min，行调、电环调、场调、行值确认条件满足后，人工确认 ISCS 自动弹出的运营前检查提示对话框。

(2) 行调、场调确认条件满足后，执行 ATS 系统道岔自检，OCC、车站通过 CCTV 检查道岔位置正确。

(3) 正线及车场进路测试，由人工完成。

(4) 站台门检查利用 IBP 盘和 CCTV 人工完成，ISCS 提供检查结果。

（5）ISCS 系统接收 ATS、各车站相应设备检查结果，自动生成运营前检查报表。

（6）设备异常或分段运营前检查时，转为人工模式。

二、列车出场组织

（一）非全自动线路列车出场

1. 出场准备

（1）原则上规定压道车在出场前规定时间内，检调应将规定数量的上线运用电客车交付场调，遇特殊情况，检调应提前与场调做好协调，派班员应安排好司机配备工作。

（2）运营开始前，场调应根据《列车运行图》要求及车组运用情况编制好电客车出场顺序表，并向派班室、行调等相关岗位传达。

（3）场调应提前停止影响电客车出场的相关作业，且与行调确认正线是否具备接车条件，并恢复车场行车条件。

（4）司机提前到检调处领取"运用电客车状态卡"和钥匙，提前进行整备作业，于电客车规定出场时间前规定时间内完成车组整备并报告场调，在发车端司机室等待发车命令。

（5）司机在整备作业或运行过程中发现电客车故障应及时汇报场调。必要时，检调应及时组织专业人员进行故障处理。当故障短期无法处理并影响上线运用车时，检调必须及时向场调增加运用车或者说明车辆运用情况。

2. 出场作业基本程序

（1）条件确认：两名场调共同确认具备发车条件。

（2）整备完毕：司机汇报车组整备完毕。

（3）准备进路：场调按出场计划办理发车进路，确认信号正常开放。

（4）发布命令：场调命令司机动车。

（5）动车出场：司机凭场调命令确认信号开放后动车出场。

（6）报发车点：场调确认车组动车后及时进行报点，车组越过出场信号机后更新占线板。

（二）全自动线路列车出场

（1）运营开始前 1 小时，车辆轮值向场调提供运用车。

（2）运营开始半小时，场调需通过 ATS 设定列车计划车次号、运行方向、倒计时，并确认上线列车处于休眠状态。

(3)列车采用人工驾驶模式时,需由相关司机与场调联系,确认出场条件。

(三) 全自动线路列车进入正线服务

1. 出场列车进入正线服务

(1)分配车次号。列车出库前,ATS 系统自动根据计划运行图为出库列车分配车次号,非计划车辆由行调人工分配车次号。

(2)排列进站进路。ATS 根据时刻表,自动排列进站进路,或手动排列进站进路。

(3)列车出库。进站进路排列成功,信号开放后,车载控制单元(OBCU)监控列车按照列车出库规定驶入虚拟站台或发车站台,列车在虚拟站台处原则上不停车。

(4)正线服务准备。列车通过转换轨后,ATS 向列车发送正线服务工况指令,OBCU 收到"正线服务"工况指令后,向列车控制管理系统(TCMS)发送正线服务工况指令,TCMS 控制照明、空调打开。

2. 正线存车线/折返线列车进入正线服务

(1)分配车次号。列车唤醒成功后,ATS 根据计划运行图为存车线/折返线列车自动分配车次号,非计划车辆由行调人工分配车次号,并自动向列车发送正线服务工况指令。

(2)正线服务准备。OBCU 收到正线服务工况指令后,向 TCMS 发送该工况指令,TCMS 控制照明、空调打开。

(3)排列进站进路。ATS 根据时刻表,自动排列进站进路,或手动排列进站进路。

(4)列车驶入车站。进站进路排列成功,信号开放后,OBCU 监控列车按照进站规定驶入车站。

三、列车接发车作业

(一) 非全自动线路列车接发车作业

(1)采用移动闭塞法、进路闭塞法行车时,由信号系统自动办理列车接发车作业,行调、行值做好行车监视。

(2)采用区段闭塞法行车时,由行调或授权相关联锁站/设备集中站,通过信号系统由远及近人工办理列车接发车作业。

(3)采用电话闭塞法行车时,由相关车站办理列车接发车作业。

(二) 全自动线路列车接发车作业

1. 全自动线路列车进站

(1)ATS 通信故障时,OBCU 无法接收 ATS 指令,列车按照默认站停时间和站间运行时间继续运营至终点站，也可由行调人工干预。

（2）列车发生进站广播故障时，DTO（有人值守自动驾驶）模式下由司机进行人工广播，UTO（无人值守自动驾驶）模式下由乘客调进行人工远程广播；车站广播未正常播放时，由车站值班员人工广播。

（3）根据各线路信号系统，规定各线路列车冲标最大后退距离。

2. 全自动线路列车停站

（1）列车对位停车后，自动联动开启车门和站台门；行调可通过 ATS 工作站和综合监控系统工作站监控列车停站情况及车门、站台门开启情况。

（2）停站时间内，保持车门和站台门开启；行调可通过站台 CCTV 监控乘客上下车情况。

（3）停站时间结束后，自动联动关闭列车车门和站台门。

3. 全自动线路列车发车

（1）FAM 模式下，停站时间到后，全自动线路列车自动在站台发车。

（2）列车关门停站期间，ATS 进行扣车操作时，列车车门、站台门会重新打开；扣车命令取消后，列车自动关闭车门、站台门后发车。

四、列车回场组织

（一）列车回场作业准备

（1）场调应提前根据《列车运行图》要求及正线列车车底号与车次号对应情况，编制好电客车回场顺序表，并向场调、检调等相关岗位传达。

（2）场调应提前停止影响电客车回场的相关作业，恢复车场行车条件。

（3）部分回场电客车有调试任务时，允许使用试车线、静调线办理接车作业。

（二）列车回场作业基本程序

（1）条件确认：两名场调共同确认是否具备接车条件。

（2）申请回场：车组在转换轨停稳后，司机向场调报告车次号、车底号，确认回库股道后申请回场。

（3）准备进路：场调按照回场计划准备好接车进路，确认信号后正常开放。

（4）发布命令：场调确认回场车组与计划一致、接车进路正确后，命令司机动车。

（5）列车回场：司机凭场调命令确认信号开放后动车，在股道停稳并做好防溜措施后报告场调。

（6）到达报点：场调确认电客车停稳并做好防溜措施后及时进行报点、更新占线板。

（7）交接车组：电客车司机应到检调处交还钥匙及"电客车状态记录卡"，并说明故障情况。

（三）列车退出正线服务

（1）回场列车退出正线服务时，确定回场列车运行至终点站后，OBCU 收到 ATS "停止正线服务"指令后，向车辆发送停止正线服务指令，ATS 自动排列回场进路。

（2）列车进入终点站站台时，OBCU 与 TCMS 发生通信故障，行调确认报警信息后列车以 CAM 模式停在站台不发车，此时空调和照明不关闭，行调组织司机进行人工现场处理。

（3）系统无法自动退出正线服务时，由行调人工发送退出正线服务指令。

五、列车过线组织

（一）列车过线基本要求

（1）因运营、施工作业等原因，需要过线运行的列车必须符合所涉及线路的限界条件。

（2）过线列车应配备能够联系发车线路和接车线路行调的通信设备。

（3）过线所涉及的运营单位均同意后方可实施列车过线，相关手续由需求方牵头办理。过线前 1 天 15 时前向需求方 OCC 设调提报。

（4）目标线路接车司机在发车线路规定车站候乘，列车运行到候乘站时短暂停车让接车司机上车。

（5）原则上由车站根据行调命令要求，按照由远及近的原则先办理目标线路接车进路，后办理始发线路发车进路，进路办理后必须确认信号正常，发车信号不具备自动开放功能时人工开放相应信号。

（6）过线期间，司机严格按照信号显示行车，列车严禁退行。

（7）原则上单一线路每天仅办理一次过线作业。

（二）列车过线组织程序

（1）确定行车计划：始发线路行调、目标线路行调、值班调度长共同协商制订车组过线行车计划，及时发布书面调度命令。

（2）车组出场：始发线路行调将车组组织到命令规定的地点待令。若待令地点不在发车信号机前方，则待条件具备后，行调将车组调车至发车信号机前待令。

（3）条件确认与授权：始发线路行调与目标线路行调共同确认具备过线条件，当车组在发车信号机前待令及做好相关安全措施后，双方分别命令本线路接口车站办理列车过线进路。

（4）目标线路办理接车进路：目标线路接口车站根据行调命令办理接车进路，进路办理好且确认信号正常后通知始发线路接口车站及本线路行调。

（5）始发线路办理发车进路：始发线路接口车站确认目标线路接车进路准备好后，根据行调命令办理发车进路，进路办理好且确认信号正常后通知本线路行调。

（6）开始过线调车：始发和目标线路行调共同确认两条线路过线进路办理好后，由始发线路行调通知司机凭信号显示动车。司机确认发车信号显示正确后，以规定驾驶模式和速度运行进入联络线，动车后始发线路行调通知目标线路行调。信号无法开放时，行调确认安全后授权司机越过相关信号机红灯。

（7）完成过线调车：车组进入目标线路后，及时联系该线路行调并按行调指令行车，运行到规定地点后司机完成交接。过线完成后，目标线路行调通知始发线路行调。

（8）列车回场：目标线路行调组织过线列车回场。

六、全自动线路工作模式

（一）全自动线路列车折返换端作业

（1）站前折返时，系统自动转换运行端，等待停站时间结束后，关门自动发车。

（2）站后折返时，列车在规定停站时间到达后，无论是 UTO 或 DTO 模式，站务员均须确认清客完毕，先关闭车门、站台门，后按压清客按钮。

（3）运营组织过程中存在变更折返进路的情况时，由行调人工组织进路变更及站台折返策略变更操作。DRTO、FAM 模式折返变更站后折返股道，行调无须通知司机、车站，列车凭信号显示折返。

（二）全自动线路驾驶模式转换

全自动线路电客车驾驶模式分为正常驾驶模式和非正常驾驶模式两类，自动驾驶模式（FAM、AM）和 ATP 监督下的人工驾驶模式属于正常驾驶模式；限制人工驾驶模式（RM）、非限制人工驾驶模式（EUM）、远程蠕动模式（CAM）、远程限制运行模式（FRM）属于非正常驾驶模式，原则上优先采用自动驾驶模式运行。

FRM 模式只在 UTO 阶段使用。UTO 阶段需进入 FRM 模式由行调通过 HMI 操作进入，操作进入前，行调需操作确认 FRM 进入条件检测通过，并确认列车运行前方一站两区间空闲且无低于 25 km/h 限速要求后，得到调度长授权，才可操作 HMI 让列车进入

FRM 模式。故障列车以 FRM 模式运行至前方站后,行调组织司机上车值乘。

需进入 FRM 模式的列车的运行路径中,有线路限速并低于 25 km/h 时,禁止该列车进入 FRM 模式运行。

(三) 全自动线路车场行车

1. 全自动线路出库计划的编制与下发作业

(1) 场调根据运用车交接单,将当日用车情况录入 ATS 系统。

(2) 场调通过 ATS 确认当日用车数和可用车情况,结合当日运营计划、库内股道占用情况,通过 ATS 编制出库计划。

(3) 场调确认出库计划无误后提前 1 h(可调整)上传 ATS。

(4) 行车调度、车辆调度、乘客调度等岗位可以通过 ATS 系统查看场调录入的出库计划。

(5) 库内列车根据生成的 ATS 出库计划,在计划时间内自动唤醒、自检、发车以匹配运行图中该车次的出库时间。

2. 全自动线路列车唤醒作业

(1) 列车唤醒方式有:时刻表自动唤醒、行调远程发送指令唤醒、司机现场按压按钮唤醒三种。

(2) 车场自动化区域、正线所有存车线、车站均为休眠唤醒区域。

(3) 行调或车辆调执行唤醒操作或列车自动唤醒前,信号系统通过 ISCS 检测接触网带电情况,带电则唤醒,非带电则弹出报警。

(4) ATS 无法远程自动唤醒、无法远程向列车发送唤醒命令时,需要人工现场操作,对列车进行本地唤醒。

(5) 列车自检过程中发生轻微故障、空调故障时,车辆轮值调度确认后,车辆调执行自检,强制通过允许列车发车。

(6) 车辆调工作站根据收到的所有子系统自检结果,若"自检完全通过(Train ready to move)"未激活,同时 OBCU 反馈列车已唤醒成功,则调度员可通过界面人工确定是否忽略自检失败,调度员选择忽略,信号系统才可以发车。

(7) 列车唤醒失败,车载系统汇报允许休眠时,可远程再次休眠唤醒,否则按故障车进行人工处理。

(8) 在派班工作站,人工设定备用车且指定备用车投入顺序后,唤醒主用车的同时也唤醒备用车,当主用车发生故障时,系统自动用备用车替换主用车。如果无备用车可用,则进行报警,转人工处理。不自动使用其他主用车顶替故障主用车。

(9) ATS 可选择向多列车(最多 6 列)发送唤醒指令。

3. 全自动线路回库计划的编制与下发作业

(1) 场调根据当日运营计划、运营调整情况、股道占用情况、维修计划、洗车计划等,通过 ATS 工作站编制回库计划。

(2) 场调在回库计划确认无误后上传系统,发送给中央、车辆基地相关维修部门等岗位人员及综合监控系统等。

(3) 场调确认回库计划无误后提前 1 h(可调整)上传 ATS。

(4) 行调和车辆基地相关维修部门等岗位人员,可以通过 ATS 系统查看场调录入的回库计划。

(5) 下线列车根据生成的 ATS 回库计划,运行至计划停车股道。

(6) 在停车库停车股道停准的列车,在规定时间(可设置,需要满足列车数据上传用时)后自动休眠。

4. 全自动线路列车休眠作业

(1) 列车休眠方式有 ATS 自动休眠、人工远程休眠、司机现场按压按钮休眠三种。

(2) 远程发送休眠请求指令前,需确认列车停在休眠唤醒区域、列车完成任务或无任务。ATS 显示休眠不成功时,行调或场调通知相关司机上车处理。

(3) 自动休眠、远程休眠、司机现场休眠均不成功时,行调或场调组织检修人员处理。

(4) 收到远程休眠指令和司机按压"休眠"按钮同时发生时,OBCU 先收到哪个指令,列车即按照对应方式休眠。

5. 全自动线路更换列车

正线列车发生故障、晚点,需备车替开时,行调应提前赋予备车车次号。当系统收到清客确认信号后,系统自动控制列车进入存车线。

6. 全自动线路自动调车

(1) 场调根据调车需求编制调车计划。

(2) 计划开始动车前 30 min,场调远程唤醒电客车。

(3) 计划开始动车前 3 min,场调解除对应电客车信号封锁。

(4) 场调人工通过信号系统办理进路。

(5) 自动调车发生故障时,优先由场调采取远程处置,远程处置无效再安排车场司机处理,检修人员应及时给予技术指导。

(6) 电客车在调车指定股道停稳后,场调设置对应股道出库信号机封锁。

7. 全自动线路洗车

(1) 场调可在 ATS 工作站中编排洗车计划,实现自动洗车功能。

（2）回场过程中的电客车可安排自动洗车，其他时间的洗车作业按施工作业办理。

（3）自动洗车前须确认电客车处于 FAM 模式。

（4）洗车机操作人员在洗车计划开始前完成洗车作业前检查，确认洗车准备就绪，完成设备上电。

（5）有洗车计划的回场电客车，在到达出入段线虚拟站台/折返线后，ATS 系统触发"准备洗车"提示，场调确认后，ATS 系统自动触发转换轨至洗车库进路。

（6）电客车在洗车库前一度停车，需洗车库工作人员按压"允许洗车"按钮后，方可自动洗车。

（7）洗车结束后，电客车自动触发回库进路，洗车计划全部完成后，场调工作站进行提示。

（8）洗车过程中，若洗车机发生故障，由洗车机操作人员处理洗车机故障。

（9）洗车机设备的相关信号，由洗车库值班人员负责通知。

技能实训

实训 回场安排及次日出场表排列

1. 实训内容

夜班场调接班后将当天的回场计划发给轮值,轮值确认相关信息,给出次日出场要求及车体号,场调根据次日出场计划排列当天的回场安排及次日出场表,原则按照2+2+2+……+X,同上同下。

要求:

(1) 0529 车运营结束回车辆段,0519 车晚高峰回车辆段,0501 车早高峰回停车场。

(2) 次日轮值交付的可上线电客车为 0501、0505、0518、0519、0529、0530。

(3) 车辆段 11 月 12 日全场股道均空闲,回场表如表 4-1、表 4-2 所示。

表 4-1 车辆段 11 月 12 日回场表(1)

类别	序号	车次计划信息	车号	股道	计划动车时间	备注
晚高峰回场	1	0714	0529		19:41	
	2	1214	0530		20:03	
	3	3314	0501		20:37	
晚回场	1	0118	0518		23:09	
	2	0518	0505		23:16	
	3	0918	0513		23:23	
	4	0918	0535		23:30	
	5	1118	0519		23:37	

表 4-2 车辆段 11 月 12 日回场表(2)

类别	序号	车次计划信息		车号	股道	唤醒时间	计划动车时间	备注
早出场	1	车辆段早出	车辆段晚回	0101压		4:10	4:40	
	2	车辆段早出	停车场晚高峰回	0301		4:20	4:50	
	3	车辆段早出	停车场早高峰回	0401		4:27	4:57	
	4	车辆段早出	停车场晚回	0501压		4:34	5:04	
	5	车辆段早出	车辆段早高峰回	0601		4:49	5:09	
	6	车辆段早出	车辆段晚高峰回	0701		4:41	5:19	

2. 实训目标

熟练掌握出场计划和回场计划的编制方法，能顺利地编制正确的出入段作业顺序计划。

3. 实训方法

要求学员学习出回场计划编制方法，按照给定的资料，编制对应的出场计划和回场计划。

项目训练

▷ 初级

1. 运营前检查规定有哪些？

2. 运营前检查规定中，行调双轨期间应与车站、车场核对内容：_____、_____；检查《运营前准备工作检查记录表》中各项情况。

3. 首班压道车出场前，行调应与现场行车岗位人员核实相关行车岗位_____情况，并在系统上作好记录。

4. 在运营期间内，电客车_____模式和_____模式属于正常驾驶模式，限制人工驾驶模式（RM）、_____模式、_____模式、_____模式属于非正常驾驶模式，原则上优先采用自动驾驶模式运行。

▷ 中级

5. 出场准备中，司机在整备作业或运行过程中发现电客车故障应及时汇报_____。

6. 因运营、施工作业等需要过线运行的列车必须符合所涉及线路的_____。

7. 过线列车应配备能够联系_____、_____行调的通信设备。

8. 列车关门停站期间，ATS进行扣车操作时，会重新打开_____，扣车命令取消后，列车自动关闭车门、站台门发车。

▷ 高级

9. 原则上由车站根据行调命令要求，按照_____的原则先办理目标线路接车进路，后办理始发线路发车进路。

10. 原则上单一线路每天仅办理_____过线作业。

11. 过线期间，司机严格按照信号显示行车，列车_____。

12. 作为一名行调，如何在运营前检查与相关行车岗位进行联控作业（初级、中级、高级）？

13. 全自动线路运营前检查作业内容有哪些？

14. 全自动线路出场列车进入正线服务的工作有哪些？

项目五　非正常行车组织

 习目标

(1) 掌握全自动线路蠕动模式、雨雪模式、远程限制模式的使用场景和要求；
(2) 掌握全自动线路远程限制模式、紧急制动及缓解作业的步骤和要求；
(3) 了解全自动线路紧急手柄的使用方法。

技能目标

(1) 掌握电客车未停在停车标的行车组织的步骤和要求；
(2) 掌握站台门故障处置的步骤和要求；
(3) 掌握列车各类行车调整方式；
(4) 掌握特殊情况列车行车组织方式；
(5) 掌握全自动线路区间寻人的作业步骤。

一、电客车未停在停车标的行车组织

(一) 非全自动线路电客车未停在停车标或冲标的行车组织

列车有人驾驶时按照以下规定执行：

(1) 电客车进站停车，当未到停车标停车时，司机确认运行无异常后，根据具体情况选择驾驶模式动车对位。

(2) 列车冲标 3 个车门以下时，列车操作人员根据冲标距离自行选择驾驶模式后退对标，并及时通过车厢广播安抚乘客。如需降级或切除车载 ATP 后退时，须得到行调同意，行调同意列车切除车载 ATP 后退前，应对后车采取安全防范措施。

（3）当越过停车标 3 个车门及以上时，列车操作人员报行调，按行调指示执行。如需退行，推进退行速度不应超过 10 km/h，牵引退行速度不应超过 35 km/h。如电客车不开门继续运行至前方站时，行调应通知前方站做好乘客服务、维持好站台秩序。同时，列车操作人员应及时通过车厢广播安抚乘客。

（二）全自动线路电客车未停在停车标或冲标的行车组织

有人值守时（含司机人工驾驶、DTO、司机在车上的 UTO），非 FAM 模式和 FAM 模式接管列车后按下列要求执行：

（1）当列车以 FAM 模式进站见标，列车自动调整对标；无法自动对标时，司机确认运行无异常后，根据具体情况选择驾驶模式动车对位。

（2）列车冲标在允许最大退行距离以下时，司机根据冲标距离自行选择驾驶模式后退对标，并及时通过车厢广播安抚乘客。列车后退产生两次紧急制动（简称"紧制"），汇报行调并按令执行，原则上不得切除车载 ATP 后退对标，如确需切除车载 ATP 后退时，须得到行调同意，行调同意列车切除车载 ATP 后退前，应对后车采取安全防范措施。推进退行速度不应超过 5 km/h。

（3）当列车冲标超过允许最大退行距离及以上时，司机报行调，按行调指示执行。如需退行，推进退行速度不应超过 10 km/h，牵引退行速度不应超过 35 km/h。如电客车不开门继续运行至前方站时，行调应通知前方站做好乘客服务、维持好站台秩序。同时，司机应及时通过车厢广播安抚乘客。

（4）列车冲标允许最大退行距离在线路行车组织细则中有明确。

注意：UTO 阶段且司机不在车上、电客车跳跃失败时，应组织列车跳停。

二、站台门故障处置

（一）非全自动线路站台门故障

（1）发生站台门故障时，列车、车站要及时播放广播，引导乘客上下车，车站做好安全防护工作。

（2）当系统联动、PSL、IBP 均无法开启站台门时，采取就地每节车厢开启一对滑动门的方式组织上下客。

（3）站台门故障行车组织规定：

① 站台门故障导致进站列车紧制、站前自动停车或站停列车无法出站时，由车站操

作互锁解除接发列车或由行调组织列车以限制人工驾驶模式进出站,车站确认操作互锁解除无效后应立即报告行调,列车进出站过程中确认站台安全。

② 当站台门及紧停按钮尚未被安装或功能失效时,若站台发生紧急情况,车站应及时在事发区段前打停车手信号,同时报告 OCC,OCC 通知后续列车立即停车。

(二) 全自动线路站台门异常开启

(1) 站台门显示异常开启,实际关闭时,行调须与车站确认站台安全,得到站台安全回复后,行调操作"确认站台门异常开启"指令。

(2) 站台门显示异常开启,实际开启时,行调须与车站确认站台安全,得到站台安全回复后,行调操作"确认站台门异常开启"指令,车站操作互锁解除接发列车。

(3) 站台门导致列车紧急制动时,在确认站台安全后,由行调操作缓解列车紧急制动。

(4) 运营期间,通过车站登记的站台门检修导致站台门异常开启,车站在确认条件具备后向 OCC 申请,由 OCC 执行"确认站台门异常开启"指令。

(5) 车站运营前,进行站台门开关测试检查导致的站台门异常开启,每天压道车通过前,由事发车站确认条件具备后向设备集中站申请,由设备集中站执行"确认站台门异常开启"指令。

(三) 全自动车门与站台门间异物检测

(1) 列车关门及站台门关闭后,自动启动异物检测系统。当检测到异物时会产生声光报警,站务人员须及时赶至现场清除异物,清除完成后汇报行调。

(2) 如车门与站台门间无异物,但异物报警装置仍然报警并无法恢复时,行值及时汇报行调。行调关闭出站信号机自排;站务人员可直接通过 PSL 将相应探测模块打至旁路位并汇报行调。行调接报后,确认站台安全后,排列出站进路。后续列车进站停稳后,站务人员及时取消旁路,使列车无法自动发车。列车上下客完毕关门后,站务人员至相应位置确认空隙安全后,重新将相应探测模块打至旁路位。

(3) 如旁路位无效,车站及时操作互锁解除并汇报行调。

三、行车调整方式

(一) 扣车

(1) 当行调需扣车时,在信号系统上操作或通知车站操作,并通知相关列车和车站。

(2) 当需要车站扣车时,由车站在 IBP 盘上操作,并及时通知司机,紧急情况按

"紧急停车"按钮。

（3）取消扣车应遵循"谁扣谁放"的原则，操作取消扣车前，先确认无列车进站或进站列车已停稳。

（4）当因故无法取消扣车时，列车按照行调命令出站。

（5）当信号系统故障、不具备扣车功能而行调需扣车时，行调可直接发令给相关列车待命。

（二）加开

（1）使用条件：遇列车晚点、运行图紊乱、突发大客流、列车故障等情况，可以利用正线或车场备用车投入运营服务，调整运营秩序。

（2）使用方式：向车场、相关车站、备用车司机发布加开命令。

（3）注意事项：临时加开运行图外车次时，应注意控制前后列车间隔，降级列车按对应的行车闭塞法组织行车。

（三）跳停

（1）因车辆、设备故障、事故及客流突变等造成运行晚点或特殊情况组织电客车跳停时，行调应及时通知司机和相关车站。

（2）列车运行图中没有规定跳停车站或无行调命令，电客车不得跳停。

（3）不影响后续列车正点运行或折返后能够正点始发的晚点列车，原则上不得跳停。

（4）末班车不得办理跳停作业。

（5）原则上不准连续两列及其以上客运列车在同一车站跳停。

（6）始发站原则上不准两列及其以上客运列车连续排空。

（7）组织CTC列车跳停时，原则上应使用信号系统提供的功能进行设置，司机凭车载推荐速度驾驶列车跳停，列车无人驾驶时按系统设定执行。组织降级电客车或工程车跳停时，司机凭地面信号显示人工驾驶列车跳停。

（四）清客

（1）列车担任救援列车时，原则上在故障点前一站组织清客，空车担任救援。

（2）列车不能继续维持运营时清客，空车下线。

（3）因调整列车运行，在小交路折返时组织清客或上下客。

（4）当电客车发生爆炸、火灾等危及到乘客人身安全的紧急情况时，立即在车站组织清客。

（五）区间疏散

（1）地下和高架线路因设施设备故障等导致列车迫停区间预计超过 30 min，应组织区间乘客疏散。

（2）当电客车发生爆炸、火灾等危及乘客人身安全的紧急情况时，在区间迫停时立即组织区间疏散。

四、特殊情况下列车行车组织

（一）反方向运行行车组织

（1）在电客车无车载 ATP 保护情况下，除开行救援列车外，载客电客车不允许反方向运行。

（2）在电客车车载 ATP 正常且须反向运行时，行调应在确认线路空闲且进路准备妥当后，方可发布反方向运行命令，并需做好运行列车与对向列车的间隔控制。车站行车人员应依令做好接发列车和乘客乘降的组织工作。

（3）工程车在明确行车计划和进路排列好的情况下方可反方向运行。

（4）反向运行区域轨旁 ATP 故障且必须反向运行时，司机按照安全级别由高到低的顺序选择驾驶模式。

（二）退行行车组织

（1）列车因故在区间停车需要退行时，司机必须及时报告行调，在得到行调的命令后方可退行，行调应及时通知有关车站。原则上采用牵引退行方式，行调发布命令前必须确认退行线路且车站满足行车条件。

（2）列车退行进入车站时，司机须换端驾驶，车站接车人员应在进站站台端处显示引导信号，列车必须在进站站台端外一度停车，确认引导信号正常方可进站。

（3）退行列车到达车站后，司机应及时向行调报告，同时根据行调的命令处理。

（三）推进运行行车组织

（1）电客车推进运行，必须得到行调的调度命令，原则上应有引导人员在电客车头部引导。

（2）因天气影响，难以辨认信号时，禁止列车推进运行。

（3）在坡度为 25‰ 及以上的下坡道推进运行时，禁止在该坡道上停车作业，并注意列车的运行安全。

(四）小交路折返行车组织

（1）当正线及其辅助线出现中断行车或列车通过能力严重下降等情况时，可组织列车小交路运行。小交路分为完全小交路折返、间隔小交路折返两种。当线路中断运行时，允许列车在小交路折返站连续清客并进行完全小交路折返，否则采用间隔小交路折返。

（2）小交路折返组织程序

① 行调发令：小交路折返方案确定后，行调向有关行车岗位发布小交路折返运行调度命令［应包括折返站、折返站台（股道）、辅助线等］。

② 进路排列：优先通过行调排列进路。

③ 列车驾驶：列车有人驾驶时，司机凭信号显示驾驶列车运行，列车车次及动车时间按照行调命令执行。若行调未分配车次，则默认当前车次的旅程号加1；若未明确动车时间，则开关门作业完毕后确认信号正常即可动车。列车无人驾驶时按系统设定执行。

④ 客运组织：现场有关岗位应根据站前、站后折返情况做好相应客运组织。

⑤ 为防止列车冲突，当列车利用渡线折返或从折返线/存车线运行至正线时，必须将对面或侧面来车方向的列车扣停在折返点前一个站台。

⑥ 当接触网停电时，小交路折返站应选择在停电范围外。

⑦ 行调有计划、有目的地组织图定车次在中间站折返时，原则上在始发站发车前进行布置，通过列车广播等方式引导乘客乘降。

（五）单线双向运行行车组织

（1）在区间一个方向线路封锁，发生自然灾害、事故中断行车，以及设备故障严重影响列车运行秩序而对向设备良好等特殊情况下，为维持线路运行，行调可在对向线路组织单线双向行车。

（2）行调应在确认线路空闲且进路准备妥当后，方可发布反方向运行命令，并须做好运行列车与对向列车的间隔控制。车站行车人员应依令做好接发列车和乘客乘降的组织工作。

（3）局部采用单线双向运行时，优先使用与小交路折返线路不同的线路。

（4）单线双向运行的区域与小交路运行的区域必须能够衔接。

（5）单线双向运行路径确定后，不需要转动的道岔必须电子锁定在正确位置。当有道岔需要频繁转动时，经过该道岔的进路必须关闭自排或追踪功能，采用人工排列。

（6）当同一线路上，单线双向运行列车与其他列车对向运行时，其中任何一列列车进行折返作业前，必须将对向行驶列车至少扣停在折返点前一个站台。

（7）原则上不组织超过两列列车进行单线双向运行。

（8）优先通过行调排列进路。

（9）列车车次按照行调命令执行，若行调未分配车次，则默认当前车次的旅程号加1。

五、全自动线路工作模式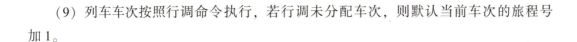

（一）全自动线路蠕动模式

（1）车载 TCMS 与 OBCU 网络连接故障时，FAM 驾驶模式列车产生紧急制动，主动申请进入 CAM 模式驾驶，行调授权后列车以 CAM 模式运行至车站停车。列车到站打开车门不关闭，等待人工处理。

（2）禁止 DTO 模式列车使用 CAM 模式驾驶，行调通知司机接管控制权，后续按行调指令行车。

（3）UTO 模式列车在进入 CAM 模式驾驶前，行调需确认前方车站空闲并通知司机待列车进站后接管列车控制权，后续按行调指令行车。

（4）CAM 模式下，列车在运行过程中产生紧急制动且不可缓解时，行调通知司机上车现场处置。

（二）全自动线路雨雪模式

（1）行调可通过 ATS 系统工作站，对每个正线站台或 ECC 区域设置或取消雨雪模式。

（2）行调发现在同一区域有列车多次出现空转打滑现象，可对相关区域设置雨雪模式。

（3）当行调向区段设置/取消雨雪模式失败时，行调确认工作站相关报警信息，可再次进行设置。

（三）全自动线路远程限制模式

在车地通信正常情况下，列车失去定位时触发紧急制动，可通过远程指令启动全自动限制驾驶模式，限制列车以 25 km/h 的速度运行一定距离直至再次获得定位。列车前方道岔位置、与前行列车距离、前方防护信号机是否开放等均由行调进行确认。

（四）全自动线路紧急制动

1. 全自动线路远程紧急制动

（1）行调、场调可对线路上运行的单列、区域或全线列车实施紧急制动和缓解紧急制动。

（2）操作远程紧急制动须遵循"谁操作，谁缓解"的原则。

（3）无特殊情况不得使用区域或全线远程紧急制动功能。

（4）已对列车施加远程紧急制动后，必须通过远程设备或与司机联控，确认现场需紧急制动的条件消除后，方可远程缓解紧急制动。

2. 全自动线路紧急制动及缓解

（1）FAM 驾驶模式列车因超速、无线通信瞬时丢失、定位瞬时丢失、车门监督产生的信号紧制可自动缓解紧急制动，不影响 FAM 驾驶模式的列车运行。

（2）列车因故障等产生紧急制动，由行调尝试缓解紧急制动。缓解紧急制动前，须确认产生紧急制动的因素已消除。车辆原因产生的紧急制动，车辆调可先尝试远程处理故障，故障处理完毕后由行调缓解紧急制动；如无法缓解，行调通知司机接管列车控制权，或赶往现场上车接管列车控制权处置，后续按行调指令行车。

（五）全自动线路紧急手柄

全自动线路紧急手柄的使用方法：

（1）紧急手柄分为常用位、请求位、解锁位三个挡位。当检查列车到 0 速后，紧急手柄才被允许打至第三挡解锁位。

（2）列车紧急手柄打至请求位时，列车进入条件停车模式并运行至前方车站，司机前往处理，并复位紧急手柄。

（3）站停列车或列车出站过程中（列车与站台有重叠区域），当紧急手柄拉下激活时，司机应前往处理，并复位紧急手柄。

（4）紧急手柄无法人工复位时，行调通知司机在现场隔离车门后，将列车转人工驾驶。

（5）列车区间停车时，当紧急手柄打至解锁位，系统自动触发区间疏散状态。

① 列车有人值守时，行调通知司机接管列车控制权，司机须确认有无人员下车。司机如确认无人下车，应广播引导乘客或由司机现场恢复紧急手柄；司机如确认有人下车，则引导乘客返回车厢并恢复紧急手柄，并根据行调命令限速运行；司机如无法引导乘客返回车厢，汇报行调后，启动"区间寻人"程序。

② 列车无人值守时，行调扣停后续相关列车，调取事发列车现场 CCTV 监控画面，排除发生爆炸、火灾等危及乘客安全的情况后，做好安全防护措施，启动"区间寻人"程序。

（六）全自动线路区间寻人

1. 人工区间寻人执行程序

（1）行调确认信号系统联动或设置站台扣车、远程停车防护后，向事发区间两端车站发布人工区间寻人命令。

（2）车站接到区间寻人命令后，开启区间照明、DTO模式，车站安排工作人员分别从两端车站相应端门进入区间；开启UTO模式时，车站安排工作人员（至少一人为司机）分别从两端车站相应端门进入区间。

（3）工作人员从两端同步进入区间寻人，并引导误下车乘客返回站台或车厢。

（4）司机与其余工作人员确认人员全部出清后，上车接管列车控制权，并汇报行调。

2. 列车区间寻人执行程序

（1）行调确认信号系统联动或设置站台扣车、远程停车防护后，向事发区间两端车站发布列车区间寻人命令。

（2）UTO阶段，司机步行至无人值守迫停列车处，确认列车前方、底部、两侧无人后，上车接管列车控制权，并汇报行调。

（3）行调安排司机以25 km/h的速度运行寻人，并安排后续三列车分别以25 km/h、25 km/h、45 km/h的速度进入区间寻人。

（4）寻人列车均采用CBTC-SM模式以正常速度运行，确认无异常后恢复正常运行。

（5）列车运行经过有上下行、联络线贯通条件的区段处应停车查看，同时邻线列车执行相同限速寻人要求。

实训 1　车门与站台门异物检测报警且无法恢复处置

1. 实训内容

某月某日，某市地铁 C 站上行出现车门与站台门间异物检测报警，此时车站报车门与站台门间异物检测报警无法恢复，此时行调应如何处置？

2. 实训目标

当发生车门与站台门异物检测报警且无法恢复时，熟练掌握行调在该情况下的处置方法。

3. 实训方法

要求学员阐述行调在面对车门与站台门异物检测报警且无法恢复时的正确处置方法。

实训 2　列车 ABCU 冗余失败处置

1. 实训内容

X 站下行 0207 次 0409 车司机报：当前端车载控制单元（OBCU）显白，尾端显红，信号屏黑屏，产生车辆紧急制动，应如何处置？

2. 实训目标

熟练掌握空气制动单元（ABCU）冗余失败情况下的正确处置方法。

3. 实训方法

要求学员阐述发生 ABCU 冗余失败情况时的正确处置步骤和方法。

实训 3　区间疏散的实施

1. 实训内容

某月某日，D 站上行出站列车因故在迫停区间无法动车，此时已决定对该列车组织区间疏散，则区间疏散时的组织要求和区间疏散的条件分别是什么？

2. 实训目标

熟练掌握区间疏散的实施条件和组织要求。

3. 实训方法

要求学员详细阐述区间疏散的实施条件及其正确实施步骤。

实训 4　非全自动线路中站台门故障的处置

1. 实训内容

某月某日上午，某市地铁 B 站报站台门故障，B 站下行进站 1105 次报列车产生信号紧急制动，该如何处置？

2. 实训目标

熟练掌握非全自动线路中站台门故障的处置方法。

3. 实训方法

要求学员详细阐述站台门故障情况下的正确处置步骤。

实训 5　场景操作训练

1. 实训内容

请说明以下各场景的操作过程：

（1）某车站因大客流申请关站。

（2）运营期间，3 名专业人员申请进入区间泵房。

（3）某车站报区间进人。

（4）某站紧停触发。

2. 实训目标

熟练掌握上述四个场景的处置方法和操作步骤。

3. 实训方法

要求学员详细阐述四个场景下的正确处置步骤。

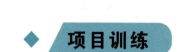

项目训练

▶ 初级

1. 列车临时限速调度命令：_____。
2. 过线期间，司机严格按照信号显示行车，列车_____。
3. 单列车跳停调度命令：_____。
4. 列车清客的条件是什么？
5. 列车跳停的规定？
6. 全自动线路电客车未到停车标或冲标的行车组织要求是什么？

▶ 中级

7. 行调有计划、有目的地组织图定车次在中间站折返时，原则上在_____发车前进行布置，司机、车站通过广播等方式引导乘客乘降。
8. 小交路分为_____、_____两种。
9. 为防止列车冲突，当列车利用渡线折返或从折返线/存车线运行至正线时，必须将对面或侧面来车方向的列车扣停在_____。
10. 列车退行的组织规定有哪些？
11. 列车反方向运行的组织规定有哪些？

▶ 高级

12. 单线双向运行路径确定后，不需要转动的道岔必须_____在正确位置，当有道岔需要频繁转动时，经过该道岔的进路必须_____，采用_____。
13. 进路闭塞法的适用范围：_____。
区段闭塞法的适用范围：_____。
14. 当站台门及紧停按钮尚未被安装或功能失效的情况下，若站台发生紧急情况，车站应及时在事发区段前打_____，同时报告 OCC，OCC 通知后续列车_____。
15. FAM 驾驶模式列车因_____、_____、_____、_____产生的信号紧制可自动缓解紧制，不影响 FAM 驾驶模式的列车运行。
16. 电客车未到停车标或冲标的行车组织要求是什么？
17. 区间疏散的条件是什么？

项目六　施工组织

习目标

(1) 掌握非全自动线路施工计划审批步骤；

(2) 掌握施工预想作业的内容；

(3) 掌握书面调度命令的发布作业步骤；

(4) 掌握正线接触网停电、送电、反复停送电作业要求和程序。

技能目标

(1) 掌握工程车/调试车出回场组织作业步骤；

(2) 掌握非全自动线路A类施工请销点作业步骤；

(3) 掌握全自动线路集中授权的A类施工请销点作业步骤；

(4) 掌握非全自动线路车场施工作业组织程序；

(5) 掌握全自动线路车场施工细化规定。

一、施工计划审批

（一）施工计划分类

1. 按时间分类

（1）周期性计划：分为月计划、周计划、双周计划（各线路施工计划周期根据生产运作实际情况制定）。

(2）临时性计划：分为临时计划、临时补修。

2. 按施工作业地点及影响程度分类

具体分类如表 6-1 所示。

表 6-1　按施工作业地点及影响程度分类

类别	说明	编号	内容
A 类	影响正线及其辅助线行车的施工	A1	在正线及其辅助线的动车作业
		A2	在正线及其辅助线，除动车作业以外的施工
		A3	在车站、变电所、控制中心等范围内，影响正线及其辅助线行车设备运行的施工
B 类	影响车场行车的施工	B1	在车场行车线路上的动车作业（司机整备作业除外）
		B2	除动车作业外，需要进入车场行车线路，或影响接触网、信号等设备运行，或在车场线路限界外 3 米内种植乔木、搭建相关设施，或需要动火等影响行车的施工（不含车辆中心库内不动车的非运用车检修及保洁）
C 类	在车站、变电所、控制中心、车场等范围内不影响行车的施工	C1	大面积影响客运、影响消防设备正常使用、需要动火或设备设施维护检修等施工
		C2	局部影响客运但经采取措施影响不大；不影响设备运行的检查、清扫、测试；动用简单设备作业等施工

其中，影响行车的施工是指进行该项施工作业时，影响行车设备运行、降低或终止行车条件、妨碍行车安全的施工。

（二）施工计划介绍

1. 月计划

（1）施工管理工程师在汇总各施工部门提报的核心计划（动车作业及重要施工）后，进行协调、批准，并于每月固定时间发布。

（2）施工管理工程师在汇总各施工部门提报的普通计划后，结合核心计划进行统筹安排、协调和审批，必要时组织施工协调会进行协调，在每月固定时间完成所有施工计划的审批并编制《施工行车通告》。

（3）编制好的《施工行车通告》交施工管理工作小组组长审核，由施工管理领导小组组长签发。

（4）计划内涉及在其他线路或影响其他线路管辖设备的作业，该作业必须在相关线路《施工行车通告》中体现。

2. 周计划

（1）施工管理工程师汇总各施工部门提报的核心计划（动车作业及重要施工）后，进行协调、批准，并于每周固定时间发布。

(2) 施工管理工程师在汇总各施工部门提报的普通计划后,结合核心计划进行统筹安排、协调和审批,必要时召开施工协调会进行协调,在每周固定时间完成所有施工计划的审批并编制《施工行车通告》。

(3) 编制好的《施工行车通告》交施工管理工作小组组长审核,由施工管理领导小组组长签发。

(4) 计划内涉及在其他线路或影响其他线路管辖设备的作业,该作业必须在相关线路《施工行车通告》中体现。

3. 双周计划

(1) 施工管理工程师在汇总各施工部门提报第三周至第四周的核心计划(动车作业及重要施工)后,进行协调、批准并及时发布。

(2) 施工管理工程师在汇总各施工部门提报的第三周至第四周的普通计划后,结合核心计划进行统筹安排、协调和审批,必要时召开施工协调会进行协调,及时完成所有施工计划的审批并编制《施工行车通告》。

(3) 编制好的《施工行车通告》交施工管理工作小组组长审核,由施工管理领导小组组长签发。

(4) 计划内涉及在其他线路或影响其他线路管辖设备的作业,该作业必须在相关线路《施工行车通告》中体现。

4. 临时计划

(1) 设调接到临时计划后,根据实际情况进行协调安排,并组织相关线路场调、电环调、行调按专业审核,设调根据各专业调度审核意见进行审批。审批通过的临时计划由设调以《施工行车通告补充说明》的形式发放给相关作业部门。

(2) 涉及故障维修的临时计划应及时优先安排,不受周期性计划限制。

5. 临时补修

(1) 当日发生设备故障等需要申报计划进行处理的作业,由生产调度向设调提出申请,设调按照临时计划审批程序组织审批,审批通过后一般于作业前2小时签发临时补修《施工作业令》,影响情况在备注中注明,并将施工计划调整情况通知到作业部门及相关部门(中心)。

(2) 临时补修不受周期性计划、临时计划限制;非故障(新线接管初期除外)处理不安排临时补修作业。

6. C类计划审批

(1) 生产调度受理C类计划后,组织车间专业人员审核,确定施工计划中是否需要监管部门到场监管,并在施工计划中明确。

(2) 审核确认作业内容及影响程度不超出C类施工计划的范围,车间主任进行批准。

（3）生产调度及时将批准后的 C1 类施工计划告知 OCC、车场、车站及相关部门（中心）。

二、施工预想作业

施工预想作业的操作事项：

（1）白班查看次日夜班施工行车通告，确认 A1 类、接触网停电作业数量，检查施工计划是否存在人、车、电冲突，并对施工组织关键点进行预想。

（2）次日夜班交接班会前再次查看施工行车通告，确认是否有变更，再次检查施工计划是否存在人、车、电冲突，并进行预想。

（3）交接班会汇报施工组织关键点（列车出场路径、顺序、时间、待令地点，停/带电区域，对信号系统影响等）及预计执行流程，按照值班调度长要求完善施工预想。

（4）接班后提前拟好书面调度命令，并进行初步双确认，A1 类和过线作业在系统中创建出场、回场路径，并做好双确认。

三、书面调度命令发布作业

（一）利用施工调度管理系统进行发布

（1）在系统中草拟调度命令（或自动生成后完善相关内容）。

（2）一名行调确认后签名，确认内容为命令内容、受令及抄知处所、在哪一个岗位交司机、线别、调度代码、备注等；对于涉及另一条线路的调度命令，由另一条线路行调会签。

（3）行调双人确认调度命令无误后发送给各受令端。

（4）确认各受令端已接收调度命令，调度命令发布完成。

（二）利用调度电话进行发布

（1）在《调度命令登记簿》上草拟调度命令。

（2）一名行调确认后签名，确认内容为日期、时间、命令内容、号码、受令及抄知处所、复诵人、在哪一个岗位交司机；对于涉及另一条线路的调度命令，由另一条线路行调会签。

（3）行调双人确认调度命令正确并签名后，通过调度电话进行命令发布。

① 根据受令处所进行点名并记录受令人姓名。

② 指定复诵人。

③ 按照发令日期、受令及抄知处所、命令号码、命令内容、发令时间的先后顺序发布命令。

④ 复诵人逐句复诵完毕后,再通篇复诵一遍。

⑤ 复诵正确后,给出调度代码。

四、正线接触网停送电作业

(一) 接触网供电分区停电条件的确认要求

(1) 正线及其辅助线接触网供电分区停电条件由行调确认;与联络线相关的接触网供电分区停电条件需要相关线路行调共同确认;与出入段线相关的接触网供电分区停电条件需要行调、场调共同确认;车场接触网供电分区停电条件由两名场调共同确认。

(2) 车场接触网供电分区在无停电安排时,原则上需维持在带电状态。

(二) 接触网供电分区送电条件的确认要求

(1) 正线及其辅助线接触网供电分区送电条件由行调和值班调度长共同确认;与联络线相关的接触网供电分区送电条件需要相关线路行调共同确认;与出入段线相关的接触网供电分区送电条件须行调、场调共同确认;车场接触网供电分区送电条件由两名场调共同确认。

(2) 送电前须确认停电、反复停送电的施工已经销点。

(三) 正线及其辅助线接触网供电分区停电程序

(1) 行调确认准备停电的接触网供电分区符合停电条件后,由行调通知电环调可以停电。

(2) 电环调核实停电条件符合要求后,进行停电操作。

(3) 电环调操作完成并确认按要求停电后,通知行调和副值班调度长。

(4) 行调和副值班调度长共同确认已经停电后,由行调向相关车站、车场发布停电通知。

(四) 正线及其辅助线接触网供电分区送电程序

(1) 行调及值班调度长共同确认准备送电的接触网供电分区符合送电条件后,由行调通知电环调可以送电。

(2) 电环调核实送电条件符合要求后,进行送电操作。

(3) 电环调操作完成并确认按要求送电后,通知行调和值班调度长。

（4）行调确认已经送电后，由行调向相关车站、车场发布送电通知。

（五）车场接触网分区停电程序

（1）两名场调共同确认准备停电的接触网供电分区符合停电条件，且已设置防护后，场调向电环调申请停电。

（2）电环调核实停电条件符合要求后，进行停电操作。

（3）电环调操作完成并确认按要求停电后，通知场调及副调度长。

（4）场调确认电环调停电流程结束后，在《车场施工、停送电作业登记簿》上做好记录。

（六）车场接触网分区送电程序

（1）两名场调共同确认准备送电的接触网供电分区符合送电条件后，向电环调申请送电。

（2）电环调核实送电条件的确认符合要求后，进行送电操作。

（3）电环调操作完成并确认按要求送电后，通知场调。

（4）场调确认电环调送电流程结束后，在《车场施工、停送电作业登记簿》上做好记录并撤除防护。

五、工程车/调试车出回场组织作业

（一）工程车/调试车出场组织

（1）工程车或调试车出场，原则上在规定时间提前发布调度命令，多列车出场时，调度命令中到达转换轨时间间隔必须大于等于两站两区间的运行时间。

（2）在系统中创建出场、回场路径，并做好双确认。

（3）列车到达转换轨一度停车，司机与行调测试 800 M 手持台。两名行调共同确认前方线路空闲、进路已按相应的行车闭塞法要求排列、接触网供电状态符合要求、路径占用已设置。

（4）行调通知司机动车并监控列车运行，在系统中及时解除出清区域路径占用。

（5）列车到达指定地点待令，报行调。

（6）严格按照作业流程标准执行台账填记、命令发布等工作，特别是把控好条件确认与命令发布的时间关系。

（二）工程车/调试车回场组织

（1）行调通过系统、台账及车站，确认回场路径上所有施工已销点、线路已出清、封锁已解除，车场具备接车条件（若为调试车回场，接触网需带电），回场进路已排列（进路无法排列时，需将回场路径上道岔单锁在正确位置），进路上道岔已单锁。

（2）在系统中设置回场路径占用，行调发布书面调度命令。

（3）行调或授权的车站，按照调度命令组织列车回场。行调监控列车运行，在系统中及时解除出清区域路径占用。

六、A 类施工请销点作业

（一）非全自动线路施工请销点作业

1. A1 类施工组织程序

（1）请点登记：施工负责人提前到主站按《车站施工登记簿》格式进行登记。

（2）请点预审核：车站确认施工负责人登记信息后，在本项施工前预列举该项施工的条件，如作业区域出清（途经列车已出清作业区域、作业区域内没有其他 A1、A2 类施工安排）、供电要求（接触网实时供电状态满足作业供电安排）等。

（3）车站向行调请点：车站确认当施工条件达到后由车站向行调请点。

（4）行调批准请点：行调确认符合条件后批准请点，需要封锁作业区时及时发布线路封锁命令。

（5）车站设置防护：车站确认行调批准请点后，组织相关车站设置红闪灯防护，确认红闪灯设置完毕后，由车站通知施工负责人开始施工，并负责开启相应端门。须交付线路封锁命令时，由车站及时交给工程车、调试车司机。

（6）接触网配合挂拆地线：需要配合挂拆地线时，施工负责人通知接触网操作负责人组织挂接地线；施工负责人与接触网操作负责人确认地线已经挂接完毕，方可开始施工并做好相关安全防护。当使用可视化接地设备时，施工负责人须组织具备验电资格的作业人员进行现场验电，确认接触网无电后方可开始施工并做好相关安全防护。施工结束后，施工负责人通知接触网操作负责人组织人员拆除接地线。

（7）销点登记：施工结束后，施工负责人与接触网操作负责人确认地线拆除完毕且施工负责人确认施工区域出清后，到销点站销点登记；销点站负责向施工负责人核实施工区域出清情况，如有行车或设备使用限制条件，销点前一并提出。

（8）车站撤除防护：销点站确认符合销点条件后，按规定组织相关车站撤除红闪灯防护。

（9）销点站向行调销点：销点站核实施工区域出清及防护撤除完毕后向行调销点。

（10）行调批准销点：行调与销点站核实施工区域出清后批准销点，需要解除作业区封锁时及时发布线路开通命令。

（11）施工结束：销点站确认行调批准销点后通知施工负责人施工结束。

（12）凡需要在异地销点的施工，施工负责人在车站履行施工登记手续时，应向该站值班员申明，并做好记录。车站值班员接到施工负责人要求在异地销点的申请后，应核对施工内容，对需要异地销点的施工，通知施工销点站行车值班员受理该施工项目的销点。

2. A2、A3 类施工组织程序

（1）请点登记：施工负责人提前到主站进行登记请点。

（2）请点预审核：车站确认登记信息后，在本项施工前预列举该项施工的条件，如作业区域出清（途经列车已出清作业区域、作业区域内没有其他 A1 类施工安排）、影响区域符合施工的条件、供电要求（接触网实时供电状态满足作业供电安排）等。

（3）主站向行调请点：主站确认施工条件达到要求后，由车站向行调请点。

（4）行调批准请点：当施工条件符合施工要求后，由行调批准请点。

（5）开始施工：行调批准请点后，主站通知施工负责人可以开始施工，车站负责开启相应端门。

（6）接触网配合挂拆地线：需要配合挂拆地线时，施工负责人通知接触网操作负责人组织挂接地线；施工负责人与接触网操作负责人确认地线已经挂接完毕，方可开始施工并做好相关安全防护。当使用可视化接地设备时，施工负责人须组织具备验电资格的作业人员进行现场验电，确认接触网无电后方可开始施工并做好相关安全防护。施工结束后，施工负责人通知接触网操作负责人组织人员拆除接地线。

（7）销点登记：施工结束后施工负责人与接触网操作负责人确认地线拆除完毕且施工负责人确认施工区域出清后，到主站销点登记；主站负责向施工负责人核实施工区域出清情况，其中供电 A3 类施工作业结束后，允许先销点再进行倒闸送电。

3. 施工注意事项

施工作业区域同时包含正线及其辅助线和车场线路的特殊施工组织规定如下：

（1）遇到此类施工时，将车场视为车站，按 A 类请销点程序执行。

（2）正线及其辅助线和车场必须同时满足施工要求，方可批准请点。需要正线及其辅助线和车场接触网停电（带电）时，批准请点前必须确认正线及其辅助线和车场的接触网状态均符合施工要求。

（3）遇此类计划需要施工列车配合时，行调封锁区域为正线及其辅助线区域。

（4）如果施工列车需要反复进出车场时，工程车或调试车司机在进入车场区域前必须得到场调的授权，进入正线及其辅助线封锁区域前必须得到行调的授权。

(二) 全自动线路集中授权的施工请销点作业

1. 施工区域集中授权

施工区域集中授权是指 OCC 划定某区域,确认该区域内没有动车作业且电客车、工程车不进入该区域,并设置必要的防护后将该区域授权给车站办理施工作业请销点。

注意:施工区域集中授权适用于仅在本线路正线及其辅助线,且对接触网供电安排无要求的 A2 类施工。

2. 施工组织程序

A2 类施工组织程序作业区域仅在本线路正线及其辅助线,且对接触网供电安排无要求。

(1) 施工预想:运营结束前,OCC 组织相关车站对拟授权区域及区域内相关的施工作业开展预想。

(2) 请点登记:施工负责人、责任人提前到主站、辅站进行登记请点,车站核对施工负责人、责任人证件与施工作业令一致后,方可办理登记。

(3) 施工区域集中授权:行调确认拟授权区域出清(确认该区域内没有动车作业且电客车、工程车不进入该区域),设置相关防护后,方可将该区域集中授权给车站。

(4) 施工审核、批点:车站确认登记信息,审核施工计划的作业区域在行调授权区域内,且其他施工条件符合施工要求并设置相应防护后,方可批准该项施工计划请点。

(5) 开始施工:车站通知施工人员可以开始施工,车站负责开启相应端门。施工人员进入轨行区前,应设置 SPKS 防护并挂锁或确认 SPKS 防护已挂锁。

(6) 销点登记:施工结束后,施工负责人、责任人确认施工区域出清后,分别到主站、辅站销点登记,主站、辅站分别负责向施工负责人、责任人核实施工区域出清情况。

(7) 辅站销点:辅站向销点站销点。

(8) 销点站销点:销点站核实所有辅站销点、施工结束、施工作业区域出清、防护撤除完毕后进行销点。

(9) 施工结束:销点站批准销点后,通知施工负责人、责任人施工结束。行车值班员确认本站范围内(本站请销点及作业区域涉及本站的)所有作业均已销点后,即可撤除本站防护。

(10) 施工区域集中授权收回:行调与车站确认授权区域内车站批准的所有施工已销点,在收回施工区域集中授权后取消相关防护。

七、B 类施工请销点作业

（一）非全自动线路车场施工作业组织程序

1. 请点登记

施工负责人提前到车场指挥调度室进行登记，向场调提出施工申请；场调检查施工作业令、施工负责人证件，办理相关作业手续。

2. 车场设置防护

场调确认满足施工条件后，做好该项施工作业的相关防护，并做好相关记录。

3. 批准请点

场调确认防护完毕后（如果需要接触网停电的作业，则必须确认接触网已停电），批准该施工作业。需要配合挂拆地线时，施工负责人通知接触网操作负责人组织挂接地线；施工负责人与接触网操作负责人确认地线已经挂接完毕，方可开始施工并做好相关安全防护。当使用可视化接地设备时，施工负责人须组织具备验电资格的作业人员进行现场验电，确认接触网无电后方可开始施工并做好相关安全防护。

4. 销点登记

施工结束后，施工负责人通知接触网操作负责人组织人员拆除接地线，施工负责人与接触网操作负责人确认地线拆除完毕且施工负责人确认施工区域出清后，到车场指挥调度室进行销点登记，场调负责向施工负责人核实施工区域出清情况。

5. 批准销点

场调向施工负责人核实施工区域出清后批准销点，施工结束。

6. 车场取消防护

场调撤除该项施工作业的相关防护。

（二）全自动线路车场施工细化规定

1. B1 类施工细化规定

（1）施工前的准备。

① 施工计划开始时间前 10 h，场调结合调车运行路径所需的行车条件，确定调车计划和开始动车时间，并通知轮值。在调车计划开始动车前 2 h，车辆中心需提供施工用车，并向场调交付《非运用车行车状态确认书》或《运用电客车交接单》。场调按场内调车的规定转轨至施工区域。

② 在试车线、洗车线等重点股道进行的施工作业，销点后需及时组织施工用车出清。该类施工计划开始前 1 h，场调需将出清的调车计划传达至司机。

③ 试车线动调：试车线运作流程在各线路行车组织细则中明确。

④ 因行车条件、施工用车不满足条件等造成施工计划开始时间前的最后一个"天窗"仍未完成施工用车准备的，场调通知施工作业部门推迟、调整或取消施工。

（2）进入作业区域前需要操作 SPKS 时，由施工负责人向场调提出，场调远程操作后通知施工负责人；进入作业区域后，施工负责人向场调提出恢复 SPKS，场调远程操作后通知施工负责人。

（3）进路准备。除试车线调试外，司机动车前根据施工负责人要求向场调申请进路，场调准备好列车进路并确认列车进路中的道岔单锁后，通知司机进路已准备好，司机按施工负责人的指挥运行。某一固定股道来回动车时，场调确认该股道进路正确（有道岔时确认所有道岔已单锁），通知司机往返运行进路已准备好，司机按施工负责人的指挥运行。

（4）施工过程中，作业人员需下线路时，施工负责人通知司机，得到司机已做好防止动车措施后，方可组织人员下车。动车前，施工负责人确认具备动车条件后方可通知司机申请进路。

2. 吹扫作业细化规定

（1）吹扫作业按施工办理，施工计划需注明车底号，吹扫作业过程中不允许动车。

（2）吹扫作业前，需将施工用车转轨至施工区域，场调按 B1 类施工用车施工前的准备规定执行。

3. 影响车场的 A 类施工细化规定

① 车场线部分具备施工条件。

场调在确认车场线部分具备施工条件并设置该项作业信号防护后，方可通知行调车场线部分具备施工条件。收到行调的销点通知后，场调方可撤除该项作业的信号防护。

② 车场作为主站时。

场调在确认车场线部分具备施工条件、设置该项作业信号防护并与行调确认正线部分具备施工条件后，方可允许施工负责人办理施工请点。施工批点后，场调通知施工负责人。A1 类施工，场调需组织设置红闪灯后，方可通知施工负责人。

③ 车场作为销点站时。

施工负责人至场调室确认施工区域后，场调方可办理施工销点。A1 类施工，场调需组织撤除红闪灯后，方可办理施工销点。

④ 作业影响车场线的行车条件。

场调收到 OCC 的通知后，确认其已具备条件，在设置该项作业信号防护后，方可通知 OCC 其已具备条件。

4. B2 类施工细化规定

作业范围仅申报为自动化区域库内的 B2 类作业，且其作业人员不允许越出库门位置、不允许设置咽喉区 SPKS 防护。

5. 车场施工作业配合及延点要求

（1）施工审批阶段，需要车辆中心配合的施工作业，如需在配合流程结束后变更施工作业时间的，需要重新执行配合流程。

（2）施工执行阶段，考虑到车场施工作业延点可能会影响到车辆检修，场调在同意施工作业延点时，将延点情况告知车辆轮值调度。

技能实训

实训 施工计划排错训练

1. 实训内容

   请根据表 6-1 至表 6-4 所示的施工计划,找出其中存在的错误。

2. 实训目标

   熟练掌握施工计划编制要求,能够正确找出既有施工计划的错误,并加以改正。

3. 实训方法

   要求学员根据给定资料编制施工计划,并对照本项目的学习内容,能够找出给定施工计划的错误,并加以改正。

表 6-1 某施工计划 1

作业日期	作业代码	作业部门(单位)	作业时间	作业名称	作业区域	接触网供电安排	配合要求	申报人	防护措施	备注
2020.12.15	5A1-15-001	乘务五车间	00:05—03:30	正线司机学员电客车驾驶培训	太湖香山—龙墩(含全部正线部分的辅助线)	A2～A15,B2～B16,C1～C7 带电	行调配合司机按正线运营方式组织列车运行;检修五车间:提供符合正线运行的电客车 2 辆	刘铁桥	施工负责人现场监控	主站:太湖香山

续表

作业日期	作业代码	作业部门（单位）	作业时间	作业名称	作业区域	接触网供电安排	配合要求	申报人	防护措施	备注
2020.12.15	5A2-15-001	中铁七局集团电务工程有限公司	00:30—03:30	1 500 V接口开关闭锁及联跳接线、调试	莳亭大道—阳澄湖南上下行线、阳澄湖南单渡线、折返线Ⅰ、Ⅱ道、出入段线	A16～A17，B17，C8，C9反复停送电	无	吴泓颖	现场专人防护，作业人员穿荧光衣、劳保鞋、戴安全帽	主站：阳澄湖南（作业需进入电缆夹层）
2020.12.15	5A3-15-001	信号五车间	00:30—04:00	阳澄湖南轨旁联锁设备ATP服务器检修	阳澄湖南信号设备室	无	无	张三	现场防护，作业人员穿劳保鞋、戴安全帽	主站：阳澄湖南（作业完毕后执行释放指令）
2020.12.15	5A3-15-002	综合维修中心供电五车间高压委外	00:30—03:20	35 kV Ⅰ段GIS开关柜（含母联103柜）一次设备、1#动力变、400 V Ⅰ段开关柜小修及试验	太湖香山、津桥、许家桥、胥口车辆段牵引降压混合变电所	无	机电五车间：电工车间低压专业配合	李四	现场防护，作业人员穿劳保鞋、安全帽，与带电设备保持足够的安全距离	主站：许家桥 1. 本次作业会造成太湖香山至许家桥、胥口车辆段低压切换、部分二类负荷短时停电 2. 同时造成胥口车辆段D1—D7供电源短时停电 3. 作业完毕后需启通信管理机备机
2020.12.15	5B1-15-001	检修五车间	11:00—14:00	淋雨作业	胥口L6道	D4带电	车辆中心提供1辆电客车（0515）	李忠明	穿工作服、劳保鞋、戴防护帽	无

续表

作业日期	作业代码	作业部门（单位）	作业时间	作业名称	作业区域	接触网供电安排	配合要求	申报人	防护措施	备注
2020.12.15	5B2-15-001	工务通号中心工务五车间软道委外工班	11:00—14:00	消防、给水试压及消防设备检测	L14至L18道，D8020、D8024、D8025	D2停电，作业区域挂地线	无	刘鑫华	现场专人防护，作业人员穿劳保鞋、戴安全帽，与带电设备保持足够的安全距离	需机电五车间派人监管

表6-2 某施工计划2

作业日期	作业代码	作业部门（单位）	作业时间	作业名称	作业区域	接触网供电安排	配合要求	申报人	防护措施	备注
2016.5.6	1A1-06-001	乘务一车间	00:05—03:30	正线司机学员电客车驾驶培训	木渎—相门上下行线、出段线、木渎交叉渡线、苏州乐园折返线Ⅱ道，苏州乐园折返线Ⅰ道，广济南路停车线	A1～A5，B1～B5，C1～C2带电	行调配合司机按正线运营方式组织列车运行；检修一车间：提供符合正线运行的电客车2辆	刘铁桥	施工负责人现场监控	主站：木渎
2016.5.6	1A2-06-013	供电一车间	00:05—03:30	接触网检修	东环路—钟南街上下行线	A6～A8，B6～B8，C3～C4停电	无	王桥	施工负责人现场监控	主站：临顿路

表 6-3 某施工计划 3

作业日期	作业代码	作业部门（单位）	作业时间	作业名称	作业区域	接触网供电安排	配合要求	防护措施	备注
2018.3.3	1A1-03-001	工务一车间	00:30—04:00	正线吊装钢轨	木渎—相门上下行线，钟南街存车线Ⅰ道，木渎交叉渡线，苏州乐园折返线Ⅰ道，广济南路返线Ⅱ道，苏州乐园停车场，乐桥单渡线，天平车辆段：L1、L2道	A1～A5，B1～B5，C1～C2，D1～D2停电	设备车间：需设备车间提供工程车；乘务一车间：作业过程中需工程车司机配合作业	现场派专人防护，现场做好防溜措施	主站：木渎，车辆编组：工程车编组（两机车+平板车）
2018.3.3	1A2-03-001	轨道退检工班	00:15—04:00	正线人工巡检—双日检	星湖街—钟南街上下行线，钟南街存车线Ⅱ道，钟南街存车线Ⅰ道	无	无	作业人员穿荧光衣、劳保鞋、安全帽	主站：钟南街
2018.3.2	1A3-03-001	工务通道中心工务一车间	23:40—03:40	钢轨铝热焊接	东方之门—南施街下行线	无	通号一车间：作业过程中需通号部门确认轨道状态	作业人员穿荧光衣、劳保鞋、安全帽	主站：星湖街，需电环调配合开启隧道通风

表 6-4 某施工计划 4

作业日期	作业代码	作业部门（单位）	作业名称	作业时间	作业区域	接触网供电安排	配合要求	防护措施	备注
2018.8.8	2A1-08-001	工务通号中心工务二车间机道委外工班	钢轨装卸	00:20—03:50	骑河—大湾上下行线高铁苏州北站折返线Ⅱ道，高铁苏州北站折返线Ⅰ道，高铁苏州北站出段线，高铁苏州北站入段线，富翔路出入段线，骑河交叉渡线，富翔路折返线	A1~A2，B1~B2，C1~C3 停电	设备车间：提供工程车；乘务二车间：提供工程车司机	作业人员及所持工器具、材料、零部件等与接触网之间的距离大于1 m	主站：富翔路，工程车编组：1机车+2平板车（带斜吊）+1机车，工程车自大平车辆段出回场
2018.8.8	2A2-08-001	信号二班	道岔 S700K 月检	00:00—03:30	富元路—桑田岛上下行线松涛街单渡线，桑田岛单渡线，桑田岛折返线Ⅱ道，桑田岛折返线Ⅰ道，桑田岛出段线，桑田岛入段线	无	无	作业人员穿劳荧光衣、保安全鞋、戴安全帽，持手电筒等	主站：尹山湖
2018.8.8	2A3-08-002	ATS 工班	信号检修	00:05—03:30	桑田岛站	无	无	施工期间全线灰显，现场信号机点灯，作业完成后恢复。	主站：桑田岛

项目训练

▶ 初级

1. 施工作业区域同时包含正线及其辅助线和车场线路时，按_____类请销点执行。
2. 周期性计划分为月计划、周计划、_____。
3. 影响行车的施工是指进行该项施工作业时，影响行车设备运行、_____、_____。
4. A 类施工是指_____的施工；B 类是指_____的施工。

▶ 中级

5. 工程车或调试车出场，原则上在_____提前发布调度命令，多列车出场时，调度命令中到达转换轨时间间隔必须_____的运行时间。
6. 行调或授权的车站按照_____组织列车回场。行调监控列车运行，在系统中及时_____。
7. 正线及其辅助线接触网供电分区停电条件由_____确认，与联络线相关的接触网供电分区停电条件需要_____共同确认，与出入段线相关的接触网供电分区停电条件需要_____、_____共同确认。
8. 临时补修计划审批通过后，一般于作业前_____小时签发临时补修《施工作业令》。

▶ 高级

9. 白班查看次日夜班施工行车通告，确认 A1 类、接触网停电作业数量，检查施工计划是否存在_____、_____、_____冲突，并对施工组织关键点进行预想。
10. 正线及其辅助线接触网供电分区停电需要_____、_____共同确认已经停电后，由行调向相关车站、车场发布停电通知。
11. 正线及其辅助线接触网供电分区的送电条件需要_____、_____共同确认。
12. 临时补修不受_____、_____限制；非故障（新线接管初期除外）处理不安排临时补修作业。
13. 如何利用施工的调度系统发布书面调度命令？
14. 全自动线路 B1 类施工前的准备有哪些？
15. 全自动线路影响车场的 A 类施工有哪些规定？

项目七　故障及应急处置

学习目标

(1) 了解信号类故障处置的种类和步骤；
(2) 了解车辆类故障处置的要求；
(3) 了解常见的轨道交通故障种类；
(4) 了解灾害等突发事件处置步骤。

技能目标

(1) 掌握车站、列车火灾应急处置流程；
(2) 掌握自然灾害应急处置流程；
(3) 掌握设备设施故障应急处置流程；
(4) 掌握列车故障救援应急处置流程；
(5) 掌握区间乘客疏散应急处置流程；
(6) 掌握突发大客流应急处置流程。

◆ 知识学习

一、信号类故障应急处置

信号系统故障是指轨道交通信号系统功能不能正常使用，关键设备损坏等严重影响列车正常运行或危及行车安全的故障。信号系统故障分为正线联锁设备故障、中央 ATS 故障、ATP 故障、道岔故障。

非全自动驾驶模式下信号系统故障应急处置流程如图7-1所示。

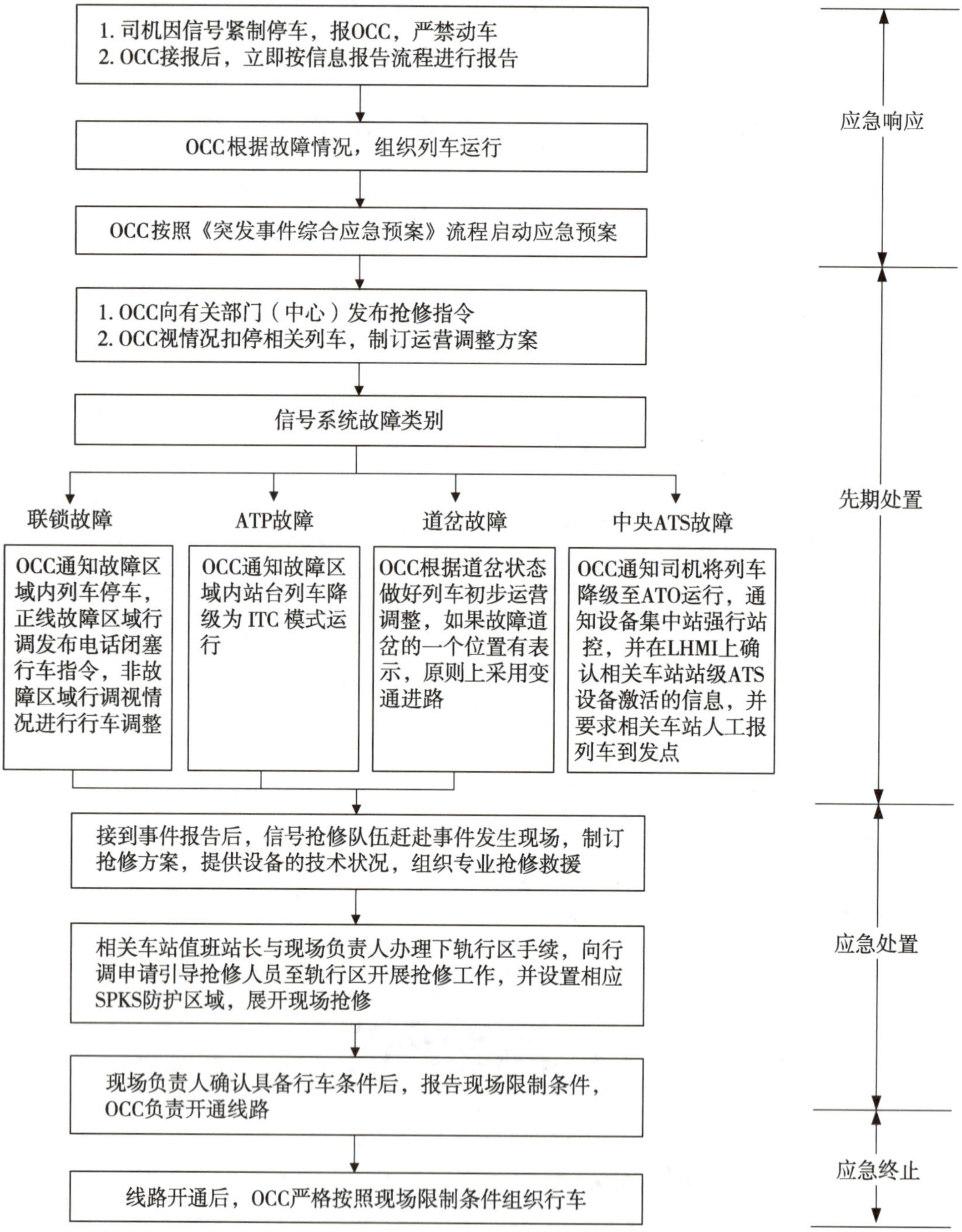

```
┌─────────────────────────────────────────┐
│ 1. 司机因信号紧制停车，报OCC，严禁动车      │
│ 2. OCC接报后，立即按信息报告流程进行报告    │
└─────────────────────────────────────────┘
                    │
                    ▼
┌─────────────────────────────────────────┐
│ OCC根据故障情况，组织列车运行              │         应急响应
└─────────────────────────────────────────┘
                    │
                    ▼
┌─────────────────────────────────────────┐
│ OCC按照《突发事件综合应急预案》流程启动应急预案 │
└─────────────────────────────────────────┘
                    │
                    ▼
┌─────────────────────────────────────────┐
│ 1. OCC向有关部门（中心）发布抢修指令        │
│ 2. OCC视情况扣停相关列车，制订运营调整方案   │
└─────────────────────────────────────────┘
                    │
                    ▼
┌─────────────────────────────────────────┐
│           信号系统故障类别                  │
└─────────────────────────────────────────┘
         │         │         │         │
         ▼         ▼         ▼         ▼
      联锁故障   ATP故障   道岔故障   中央ATS故障       先期处置

┌──────────┬──────────┬──────────┬──────────────┐
│OCC通知故障│OCC通知故障│OCC根据道岔│OCC通知司机将列│
│区域内列车 │区域内站台 │状态做好列 │车降级至ATO运 │
│停车，正线 │列车降级为 │车初步运营 │行，通知设备集 │
│故障区域行 │ITC模式运  │调整，如果 │中站强行站控， │
│调发布电话 │行         │故障道岔的 │并在LHMI上确  │
│闭塞行车指 │           │一个位置有 │认相关车站站级 │
│令，非故障 │           │表示，原则 │ATS设备激活的 │
│区域行调视 │           │上采用变通 │信息，并要求相 │
│情况进行行 │           │进路       │关车站人工报列 │
│车调整     │           │           │车到发点       │
└──────────┴──────────┴──────────┴──────────────┘
                    │
                    ▼
┌─────────────────────────────────────────┐
│接到事件报告后，信号抢修队伍赶赴事件发生现场，制订│
│抢修方案，提供设备的技术状况，组织专业抢修救援    │
└─────────────────────────────────────────┘
                    │
                    ▼                              应急处置
┌─────────────────────────────────────────┐
│相关车站值班站长与现场负责人办理下轨行区手续，向行│
│调申请引导抢修人员至轨行区开展抢修工作，并设置相应│
│SPKS防护区域，展开现场抢修                  │
└─────────────────────────────────────────┘
                    │
                    ▼
┌─────────────────────────────────────────┐
│现场负责人确认具备行车条件后，报告现场限制条件， │
│OCC负责开通线路                            │
└─────────────────────────────────────────┘
                    │
                    ▼                              应急终止
┌─────────────────────────────────────────┐
│线路开通后，OCC严格按照现场限制条件组织行车    │
└─────────────────────────────────────────┘
```

图7-1 非全自动驾驶模式下信号系统故障应急处置流程图

全自动驾驶模式下信号系统故障应急处置流程如图7-2所示。

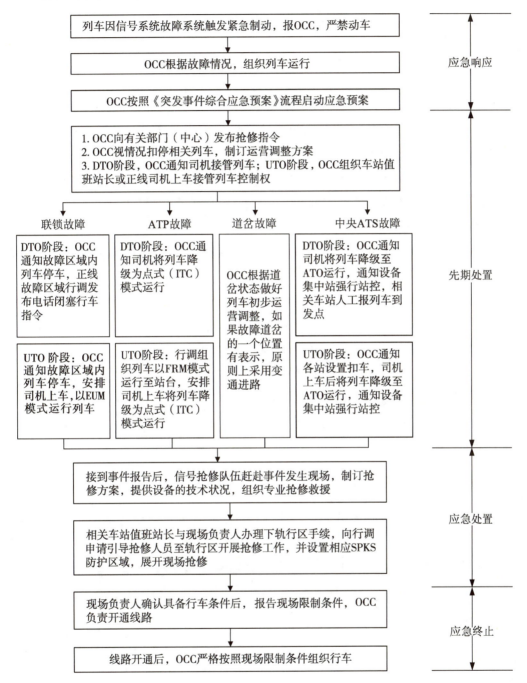

图7-2　全自动驾驶模式下信号系统故障应急处置流程图

二、车辆类故障应急处置

（一）车辆类故障处置要求

1. 列车状态远程监测及故障远程处置要求

（1）在正线发生影响行车的车辆故障，原则上车辆调优先进行远程处置，处置无效时，行调组织司机接管列车控制权后处置。

（2）车辆调远程复位列车断路器，需在电客车零速状态下复位，车辆调监视到相关断路器断开后，确认列车停稳后方可操作。原则上车辆调只远程复位1次，若复位失败，则通知司机上车处置。

（3）原则上发生不影响行车的车辆故障时，车辆调禁止远程处置，待列车运行至终点站后进行远程处置。

2. 运行中车辆或信号车载设备故障处置要求

（1）在正线发生影响行车的车辆或信号车载设备故障，原则上行调、车辆调优先进行远程处置，处置无效时，行调组织司机接管列车控制权后处置。

（2）原则上列车能维持进站，待进站后进行远程故障处置；列车无法维持进站，可由行调、车辆调远程处置。

（3）DTO模式下，由司机进行广播安抚乘客；UTO模式下，可由乘客调通过远程广播进行乘客安抚。

（二）列车冲突应急处置

列车冲突是指列车在所辖线路运行途中，由于某种因素造成列车与其他列车发生相撞。

非全自动驾驶模式下列车冲突应急处置流程如图7-3所示。

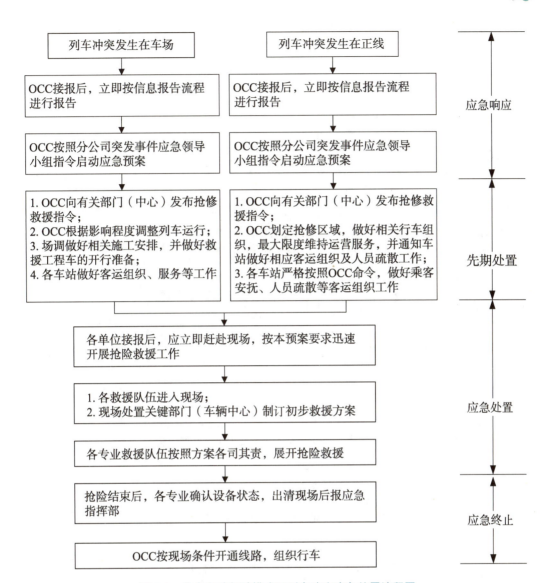

图 7-3 非全自动驾驶模式下列车冲突应急处置流程图

全自动驾驶模式下列车冲突应急处置流程如图 7-4 所示。

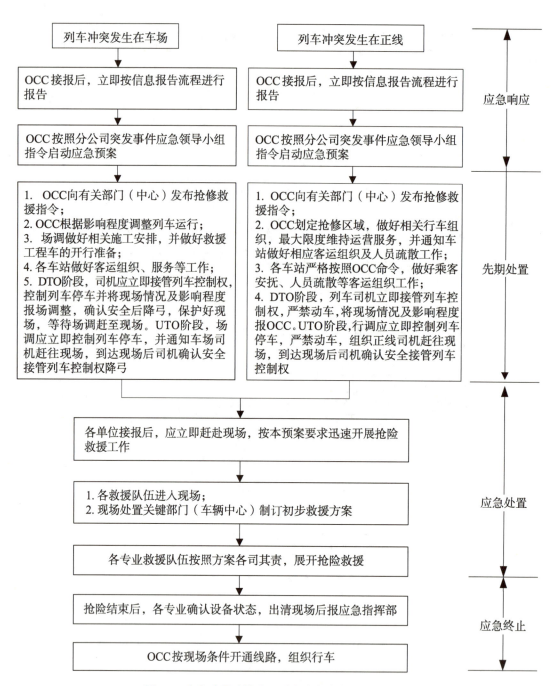

图 7-4　全自动驾驶模式下列车冲突应急处置流程图

（三）列车故障救援应急处置

本预案适用于运营线路发生列车故障事件。当列车发生故障无法动车时，通过其他列车与其连挂，采用牵引或推进的救援方式使之及时驶离正线，以确保正线运营及正线施工的安全畅通。

救援应急处置中 OCC 的职责：
（1）列车救援相关应急信息收发。
（2）发布清客、列车救援等命令。
（3）发布预计晚点时间。
（4）负责列车故障救援情况下的降级运行组织。
（5）列车救援完毕后的行车恢复工作。
非全自动驾驶模式下列车故障救援应急处置流程如图 7-5 所示。

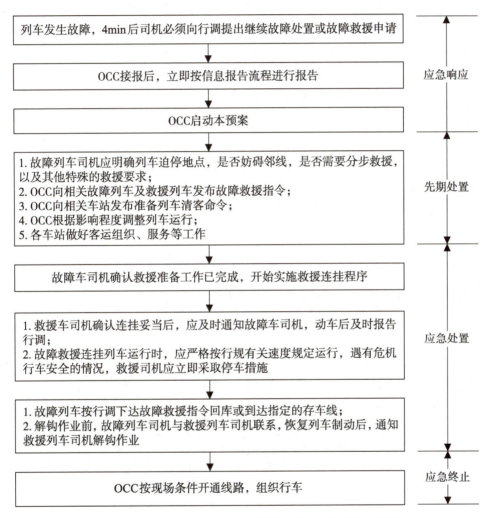

图 7-5　非全自动驾驶模式下列车故障救援应急处置流程图

全自动驾驶模式下列车故障救援应急处置流程图如图7-6所示。

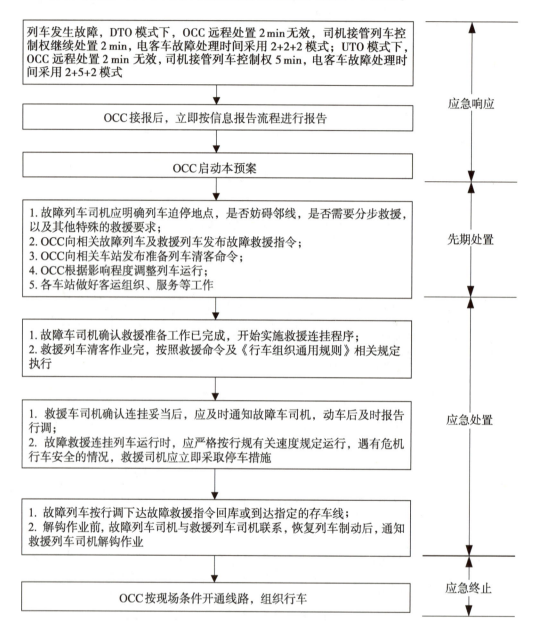

图7-6　全自动驾驶模式下列车故障救援应急处置流程图

（四）全自动线路远程故障处置

在列车状态远程监测及故障远程处理、运行中车辆或信号车载设备故障处理、车地通信设备故障、车辆制动系统故障控制、乘客紧急呼叫时进行处理。

列车状态远程监测及故障远程处理作业流程如图 7-7 所示。

通用流程	值班调度长（1）	行车调度（2）	车辆调度（3）	正线司机（4）
列车状态远程监测及故障远程处理作业流程					
开始	开始				
G1 接到报警			G1.1.2 接收车辆故障报警信息，报告值班调度长	G1.1.3 接收车辆故障报警信息，报告值班调度长	
		G1.2.1 布置车辆故障应急处置			
G2 故障处置			G2.1.2 进行行车组织，布置车辆调度远程故障处置	G2.2.3 根据行车调度命令和车辆故障处理指南，进行远程故障处置，并向行车调度汇报处置情况	G2.3.4 DTO模式下，通知正线司机接管列车控制权；UTO模式下，通知正线司机上车接管列车控制权处置故障
G3 恢复运行			G3.1.2 故障恢复，恢复列车正常运行		
结束	结束				

图 7-7　列车状态远程监测及故障远程处理作业流程图

运行中车辆或信号车载设备故障处理作业流程如图7-8所示。

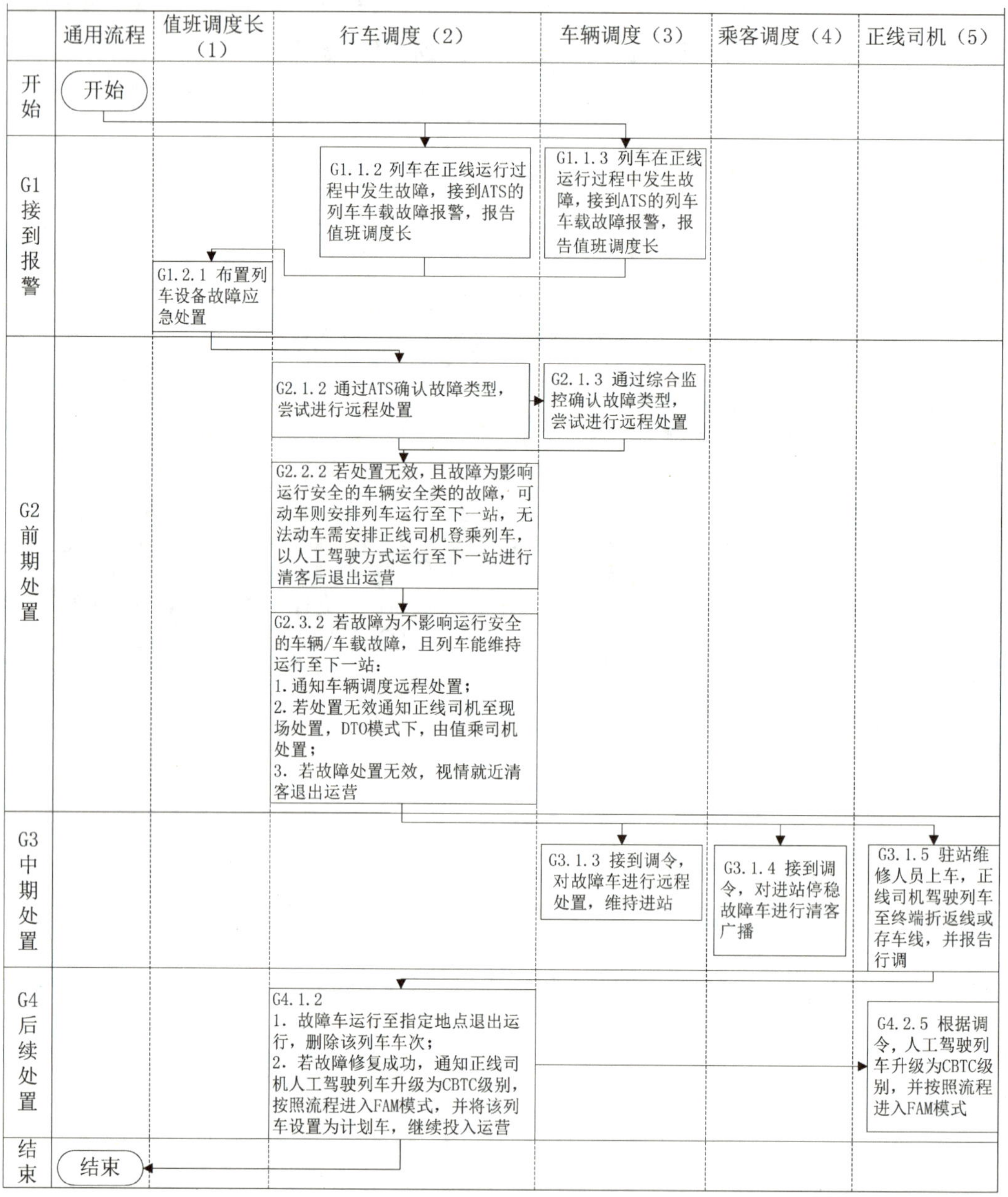

通用流程	值班调度长（1）	行车调度（2）	车辆调度（3）	乘客调度（4）	正线司机（5）
开始	开始				
G1 接到报警		G1.1.2 列车在正线运行过程中发生故障，接到ATS的列车车载故障报警，报告值班调度长	G1.1.3 列车在正线运行过程中发生故障，接到ATS的列车车载故障报警，报告值班调度长		
	G1.2.1 布置列车设备故障应急处置				
G2 前期处置		G2.1.2 通过ATS确认故障类型，尝试进行远程处置	G2.1.3 通过综合监控确认故障类型，尝试进行远程处置		
		G2.2.2 若处置无效，且故障为影响运行安全的车辆安全类的故障，可动车则安排列车运行至下一站，无法动车需安排正线司机登乘列车，以人工驾驶方式运行至下一站进行清客后退出运营			
		G2.3.2 若故障为不影响运行安全的车辆/车载故障，且列车能维持运行至下一站： 1. 通知车辆调度远程处置； 2. 若处置无效通知正线司机至现场处置，DTO模式下，由值乘司机处置； 3. 若故障处置无效，视情就近清客退出运营			
G3 中期处置			G3.1.3 接到调令，对故障车进行远程处置，维持进站	G3.1.4 接到调令，对进站停稳故障车进行清客广播	G3.1.5 驻站维修人员上车，正线司机驾驶列车至终端折返线或存车线，并报告行调
G4 后续处置		G4.1.2 1. 故障车运行至指定地点退出运行，删除该列车车次； 2. 若故障修复成功，通知正线司机人工驾驶列车升级为CBTC级别，按照流程进入FAM模式，并将该列车设置为计划车，继续投入运营			G4.2.5 根据调令，人工驾驶列车升级为CBTC级别，并按照流程进入FAM模式
结束	结束				

图 7-8　运行中车辆或信号车载设备故障处理作业流程图

车地通信设备故障作业流程如图 7-9 所示。

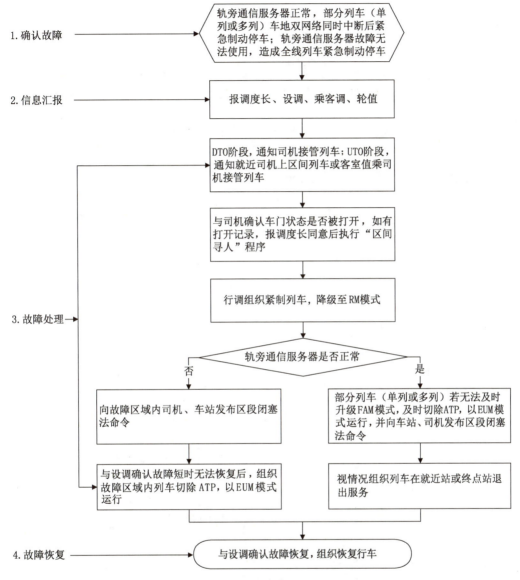

图 7-9　车地通信设备故障作业流程图

车辆制动系统故障控制作业流程如图 7-10 所示。

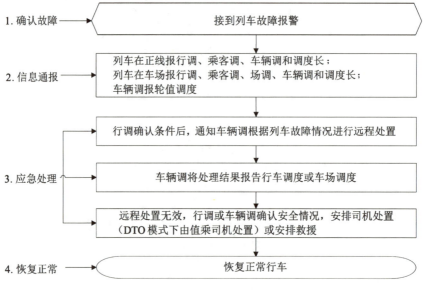

图 7-10　车辆制动系统故障控制作业流程图

乘客紧急呼叫作业流程如图 7-11 所示。

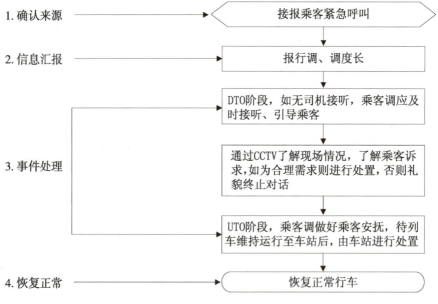

图 7-11　乘客紧急呼叫作业流程图

三、供电类故障应急处置

（一）车站大面积停电应急处置

车站大面积停电指单个及以上正线车站所有一、二级负荷停电。

先期处置流程：

（1）发生大面积停电事故后，OCC 或车站立即按信息报告流程进行报告。

（2）各部门（中心）组织抢修人员到现场做好抢修救援准备。

（3）OCC 加强与现场沟通，迅速确定运营调整方案。

（4）OCC 通知车站做好人员疏散的准备工作。

（5）OCC 报指挥部同意后发布紧急疏散命令，车站立即打开闸机放行乘客并安排后续列车驶过停电车站。如停电时间超过规定时间不能恢复正常供电时，OCC 根据应急指挥部指令通知车站组织关闭。

（6）各车站严格按照 OCC 命令，配合做好行车、客运组织工作。

（7）相关车站按照 OCC 指令迅速组织人员向指定地点疏散，疏散结束后相关车站派人确认人员全部出清，报 OCC。

（8）应急指挥部视情况启动公交保障方案，并对该方案的具体实施进行监督、协调，及时有效地疏散拥堵线路车站的乘客。

车站大面积停电应急处置流程如图 7-12 所示。

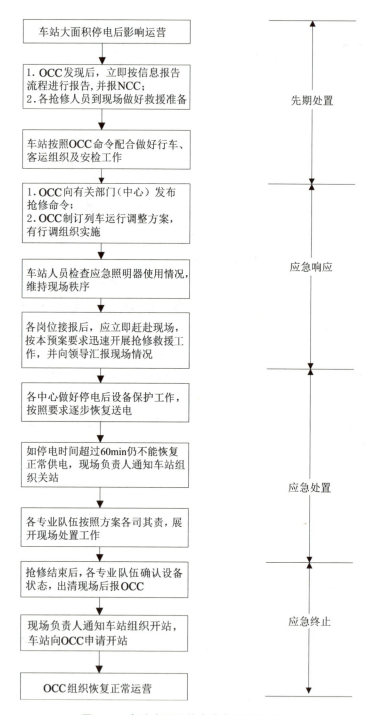

图 7-12 车站大面积停电应急处置流程图

（二）接触网大面积停电应急处置

接触网大面积停电含义：

(1）由于正线接触网断线、永久短路等故障或全线所有主变电站故障退出导致的一个及以上供电分区的接触网停电。

(2）车辆段牵混所退出运行且联络开关不能合闸导致的车场接触网停电。

非全自动驾驶模式下接触网大面积停电应急处置流程如图 7-13 所示。

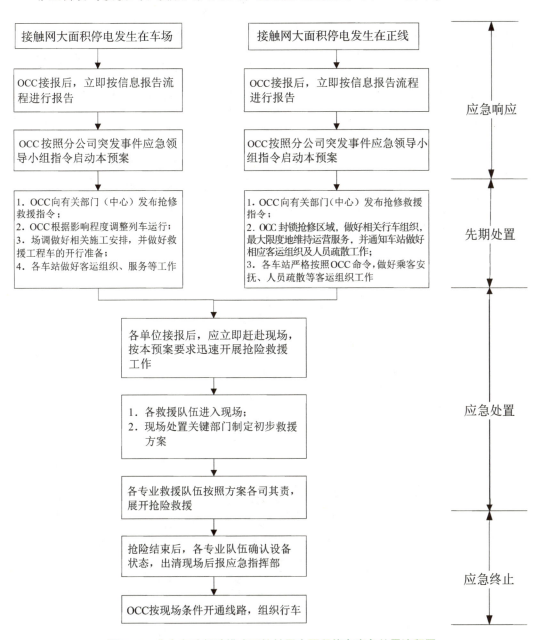

图 7-13 非全自动驾驶模式下接触网大面积停电应急处置流程图

全自动驾驶模式下接触网大面积停电应急处置流程如图 7-14 所示。

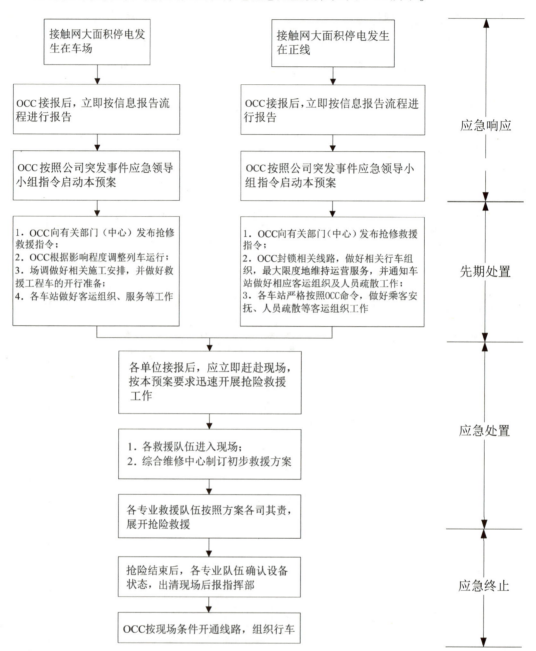

图 7-14　全自动驾驶模式下接触网大面积停电应急处置流程图

四、火灾应急处置

(一) 车站火灾应急处置

车站火灾是指在车站范围内发生燃烧,造成人员伤亡、设备财产损失或影响车站正常运营的灾害。

1. 调度中心职责

(1) 负责先期处置的应急指挥,同时根据规章要求向相关单位和领导汇报,视情况请求支援。

(2) 加强与现场指挥部负责人沟通,做好行车组织及运营调整等工作,同时跟进现场抢修进度,做出相应决策,确保抢修高效、有序地开展,各类设备尽快恢复。

(3) 根据各专业救援队需求,及时组织远程或授权就地开启相应设备,确认现场设备恢复情况。

(4) 根据现场指挥部负责人申请,发布恢复运行命令。

2. OCC 信息通报内容

(1) 火灾发生时间(时、分)。

(2) 车站着火地点(具体起火位置)。

(3) 车站火势情况(如只见冒烟、有明火、火势猛烈)。

(4) 运营受影响情况。

(5) 已采取的救援措施和请求支援事项。

车站火灾应急处置流程如图 7-15 所示。

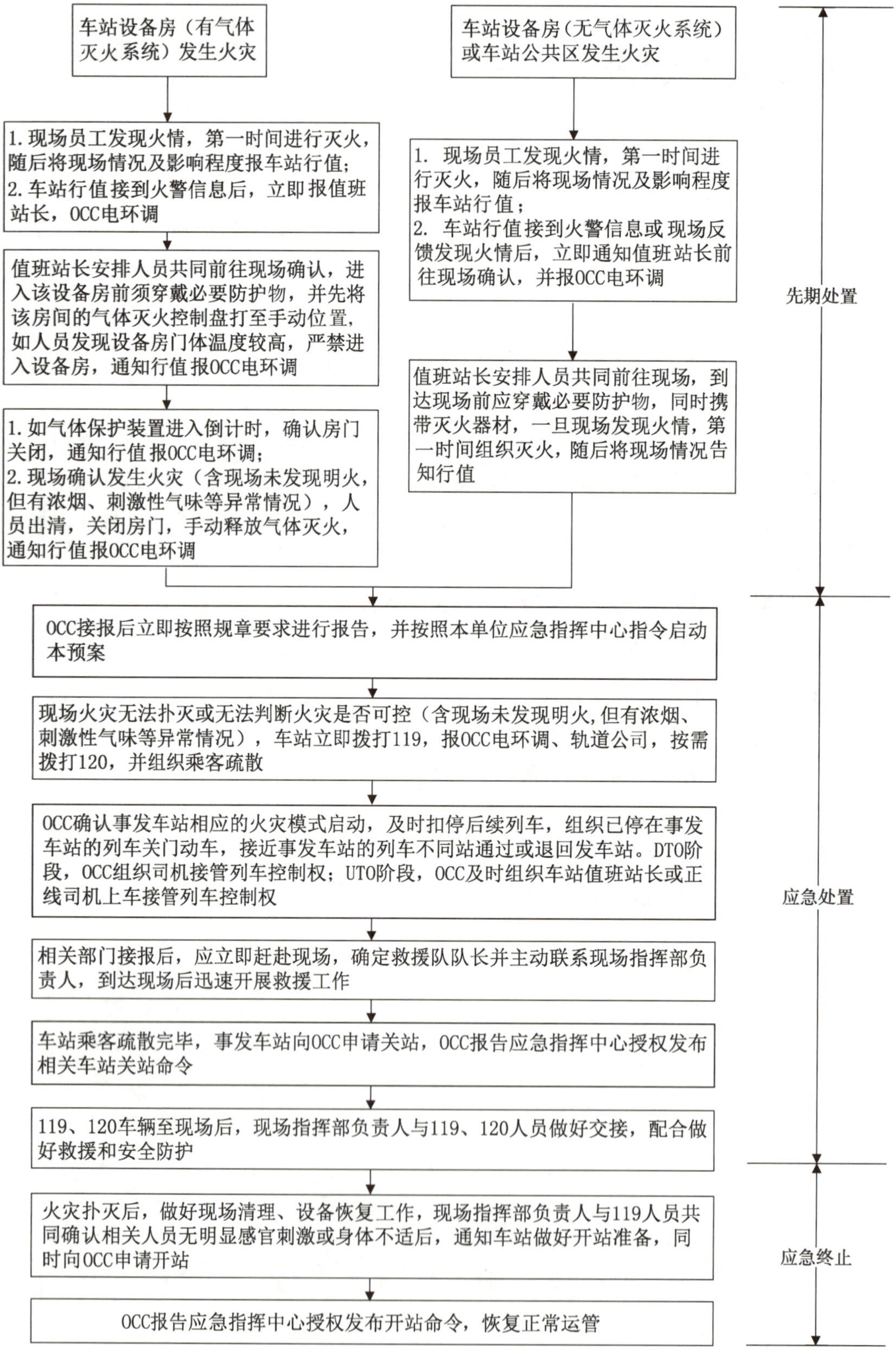

车站设备房（有气体灭火系统）发生火灾

1. 现场员工发现火情，第一时间进行灭火，随后将现场情况及影响程度报车站行值；
2. 车站行值接到火警信息后，立即报值班站长、OCC电环调。

值班站长安排人员共同前往现场确认，进入该设备房前须穿戴必要防护物，并先将该房间的气体灭火控制盘打至手动位置，如人员发现设备房门体温度较高，严禁进入设备房，通知行值报OCC电环调。

1. 如气体保护装置进入倒计时，确认房门关闭，通知行值报OCC电环调；
2. 现场确认发生火灾（含现场未发现明火，但有浓烟、刺激性气味等异常情况），人员出清，关闭房门，手动释放气体灭火，通知行值报OCC电环调。

车站设备房（无气体灭火系统）或车站公共区发生火灾

1. 现场员工发现火情，第一时间进行灭火，随后将现场情况及影响程度报车站行值；
2. 车站行值接到火警信息或现场反馈发现火情后，立即通知值班站长前往现场确认，并报OCC电环调。

值班站长安排人员共同前往现场，到达现场前应穿戴必要防护物，同时携带灭火器材，一旦现场发现火情，第一时间组织灭火，随后将现场情况告知行值。

先期处置

OCC接报后立即按照规章要求进行报告，并按照本单位应急指挥中心指令启动本预案。

现场火灾无法扑灭或无法判断火灾是否可控（含现场未发现明火，但有浓烟、刺激性气味等异常情况），车站立即拨打119，报OCC电环调、轨道公司，按需拨打120，并组织乘客疏散。

OCC确认事发车站相应的火灾模式启动，及时扣停后续列车，组织已停在事发车站的列车关门动车，接近事发车站的列车不同站通过或退回发车站。DTO阶段，OCC组织司机接管列车控制权；UTO阶段，OCC及时组织车站值班站长或正线司机上车接管列车控制权。

相关部门接报后，应立即赶赴现场，确定救援队队长并主动联系现场指挥部负责人，到达现场后迅速开展救援工作。

车站乘客疏散完毕，事发车站向OCC申请关站，OCC报告应急指挥中心授权发布相关车站关站命令。

119、120车辆至现场后，现场指挥部负责人与119、120人员做好交接，配合做好救援和安全防护。

应急处置

火灾扑灭后，做好现场清理、设备恢复工作，现场指挥部负责人与119人员共同确认相关人员无明显感官刺激或身体不适后，通知车站做好开站准备，同时向OCC申请开站。

OCC报告应急指挥中心授权发布开站命令，恢复正常运管。

应急终止

图 7-15　车站火灾应急处置流程图

(二) 列车火灾应急处置

本预案适用于正线区间发生火灾的列车应急处置，是运营综合应急预案中应对事故灾害类事件的一项专项工作方案。

区间火灾是指轨道交通运营列车在区间运行时，由于设备、人为及其他因素造成的失去控制的燃烧所造成的灾害。

非全自动驾驶模式下列车火灾应急处置流程如图 7-16 所示。

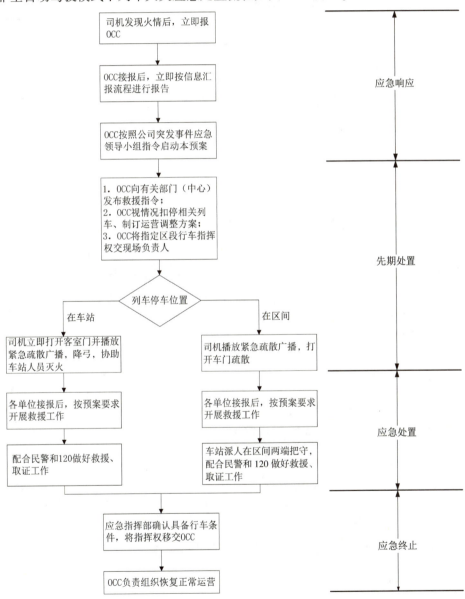

图 7-16 非全自动驾驶模式下列车火灾应急处置流程图

全自动驾驶模式下列车火灾应急处置流程如图 7-17 所示。

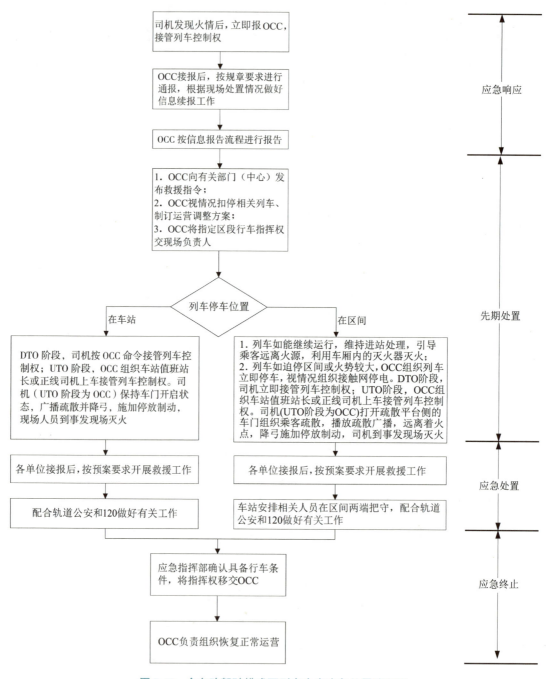

图 7-17　全自动驾驶模式下列车火灾应急处置流程图

五、自然灾害类应急处置

（一）地震应急处置

地震是指地壳在内、外应力作用下，集聚的构造应力突然释放，产生震动弹性波，从震源向四周传播引起的地面颤动。

次生灾害是指因地震而引发水灾、火灾、爆炸等灾害，有毒物质的扩散、放射性物质的逸散、疫病蔓延等。

地震发生后的调度响应：

（1）国务院抗震救灾指挥部办公室、中国地震局和有关省（区、市）地震局公布震情和灾情信息后，OCC 根据应急指挥部的指令发布局部或全线降级运行、停运命令，组织疏散乘客和救援遇险列车，抢修设施设备。根据烈度程度和产生影响不同，视情况组织救援和疏散。

（2）如现场有上报发生地震，但无官方公布震情和灾情信息，OCC 立即上报，根据应急指挥部的指令发布局部或全线降级运行、停运命令，组织疏散乘客和救援遇险列车，抢修设施设备。

（3）OCC 应及时评估现场地震抢险的救援需求，上报应急指挥部、市抗震救灾指挥部请求外部支援。

地震应急处置流程如图 7-18 所示。

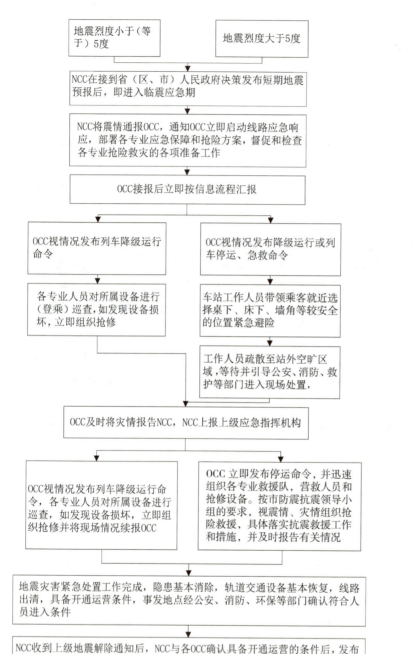

图 7-18　地震应急处置流程图

(二) 恶劣天气应急处置

恶劣天气是指可能危及轨道交通运营安全的恶劣天气，主要包括台风、大风、雷电、暴雨、暴雪、高温、冰雹、结冰、霜冻、大雾等。

各类情况下的应急处置方案：

1. 大雾情况下

（1）实时了解地面、高架区段、隧道入口段的大雾情况，密切关注列车的运行状态及供电、机电等电气设备运行状态。

（2）通知车站，根据现场情况开启地面和高架站大厅、站台、区间及隧道入口段的照明，必要时对高架/地面车站、区段采取关站、停止运营等措施。

2. 台风、大风情况下

（1）通过气象台、监测设备等实时关注天气变化，并将最新变化动态及时向各部门（中心）发布。

（2）根据风力级数，及时组织地面、高架线路限速或停运。

3. 暴雨情况下

（1）密切关注地面路段、高架路段、隧道洞口及隧道内的水位和列车运营状况。

（2）密切关注暴雨对接触网，特别是对地面、高架线路接触网的影响。

（3）通知受影响的相关车站做好乘客宣传、服务工作。

（4）根据现场情况及时发布关站命令，并组织列车跳停。

4. 暴雪、冰雹、结冰、霜冻情况下

（1）注意了解地面和高架区段的积雪、冰雹、结冰情况，密切监控列车的运行状态及供电、机电等电气设备运行状态。

（2）做好融雪、扫雪、除冰等应急处理的准备工作，做好加开列车在高架区段进行不间断压道的预想。

（3）根据应急指挥部的要求，必要时采取组织一定数量的列车按照一定的间隔运行、将列车停留在正线地下线路等措施，防止地面线的线路、接触网等设备冻结导致列车无法运行或车场无法出车等。

（4）视情况取消正线高架区段夜间施工或组织施工提前销点，视情况组织压道车及后续列车提前出场。

恶劣天气应急处置流程如图 7-19 所示。

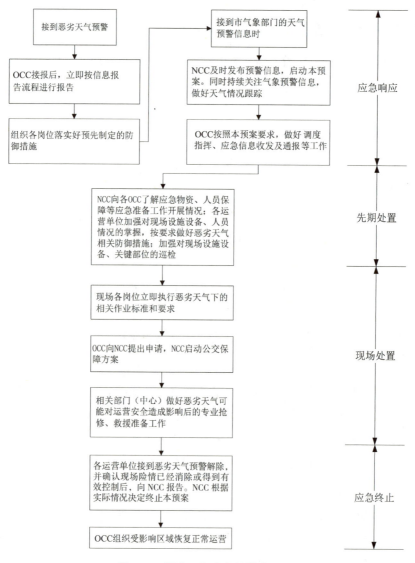

图 7-19　恶劣天气应急处置流程图

六、基础设施损坏应急处置

（一）钢轨折断应急处置

钢轨折断是指以下情况：钢轨整截面至少断成两部分；裂纹贯通整个轨头截面；裂纹贯通整个轨底截面；钢轨顶面上有长大于 50 mm、深大于 10 mm 的掉块。

非全自动驾驶模式下钢轨折断应急处置流程如图 7-20 所示。

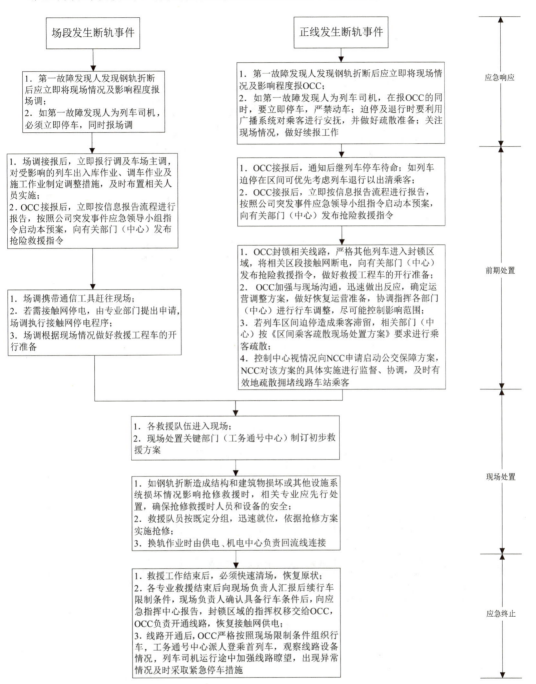

图 7-20　非全自动驾驶模式下钢轨折断应急处置流程图

全自动驾驶模式下钢轨折断应急处置流程如图 7-21 所示。

应急响应

场段发生钢轨折断事件：
- DTO模式下，司机发现钢轨折断时，应立即停车，同时报场调
- UTO模式下，驾乘人员发现钢轨折断时，应立即将现场情况及影响程度报场调，场调立即停止受影响区段的所有作业并报OCC

正线发生钢轨折断事件：
- DTO模式下，司机发现钢轨折断时，要立即停车，严禁动车，迫停及退行时要做好乘客服务，必要时按OCC命令组织乘客疏散
- UTO模式下，驾乘人员发现钢轨折断时，应立即将现场情况及影响程度报OCC，行调接报后，应立即通知后续列车停车待命，如列车迫停在区间，优先考虑列车退行至站台清客

前期处置

场段：
1. 场调对受影响的列车出入库作业调车作业及施工作业制定调整措施，及时布置相关人员实施；
2. OCC接报后，根据规章要求逐级上报

正线：
OCC接报后，根据相关管理办法要求逐级上报

1. 场调携带通信工具赶往现场；
2. 若需接触网停电，由专业部门提出申请，OCC组织受影响区段接触网停电；
3. 场调根据现场情况做好救援工程车的开行准备

1. OCC划定抢修区域，严禁其他列车进入封锁区域，如需断电由专业部门提出申请，相关部门（中心）发布抢修命令，做好救援工程车的开行准备；
2. OCC加强与现场沟通，迅速做出反应确定运营调整方案，做好恢复运营准备，协调指挥各部门（中心）进行行车调整，尽可能控制影响范围；
3. 若列车间迫停造成乘客滞留，相关部门（中心）做好乘客疏散；
4. OCC视情况向应急指挥部申请启动公交接驳方案

现场处置

1. 各救援队伍进入现场；
2. 现场处置关键部门（综合维修中心）制订初步救援方案

1. 如钢轨折断造成结构和建筑物损坏或其他设施系统损坏情况，影响抢修救援时，相关专业应先行处置，确保抢修救援时人员和设备的安全；
2. 如需安装回流线，由接触网相关专业负责回流线连接

应急终止

1. 救援工作结束后必须快速清场恢复原状；
2. 各专业抢修结束后向现场负责人汇报后续行车限制条件，现场负责人确认具备行车条件后，向应急指挥部报告，封锁区域的指挥权移交给OCC，OCC负责开通线路；
3. 线路开通后，OCC严格按照现场限制条件组织行车，并安排首列车以限速30 km/h（现场临时限速要求低于30 km/h的按照现场限速要求执行）通过原故障区域，综合维修中心派人登乘首列车，观察线路设备情况，途中加强线路瞭望，出现异常情况及时通知OCC采取应急措施

图 7-21　全自动驾驶模式下钢轨折断应急处置流程图

（二）隧道泄漏应急处置

本预案适用于运营所辖线路发生隧道破裂并发生严重泄漏时的应急处置，是运营综合应急预案中应对事故灾害类事件的一项专项工作方案。

隧道泄漏是指因某些因素导致区间隧道大量渗（漏）水或者喷水现象。

非全自动驾驶模式下隧道泄漏应急处置流程如图 7-22 所示。

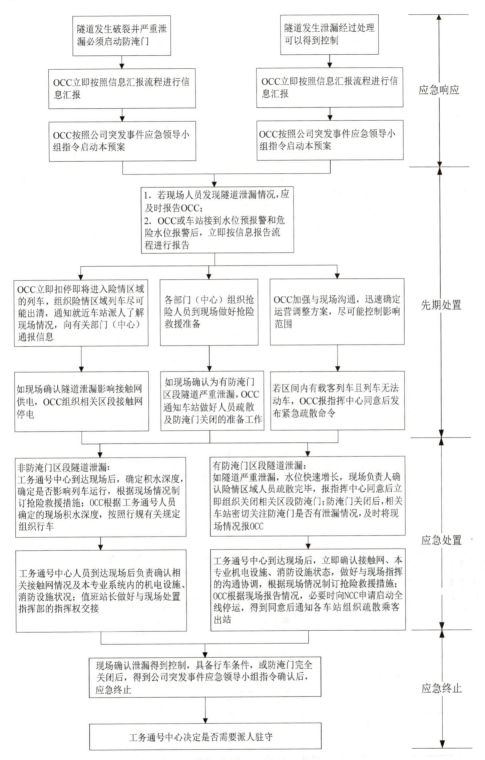

图 7-22　非全自动驾驶模式下隧道泄漏应急处置流程图

全自动驾驶模式下隧道泄漏应急处置流程如图7-23所示。

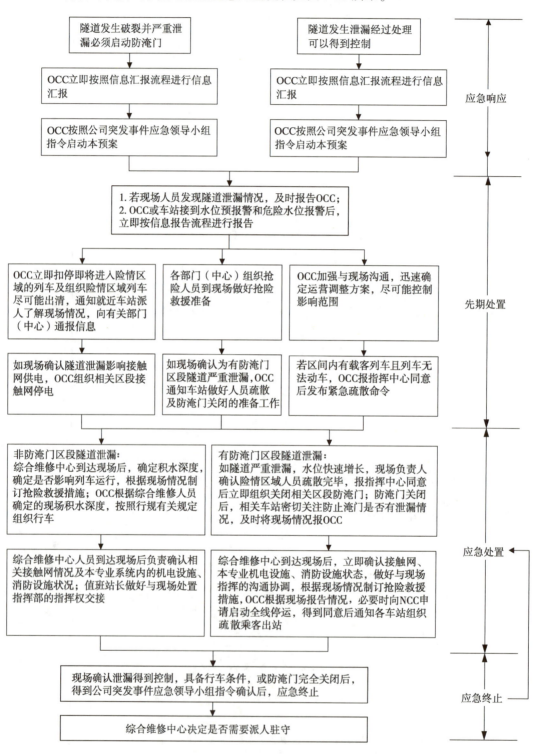

图7-23　全自动驾驶模式下隧道泄漏应急处置流程图

七、突发事件应急处置

（一）爆炸应急处置

行调接报后，应立即向本单位应急领导小组通报信息，根据应急指挥部的指令启动应急预案，行调根据应急领导小组的决定进行行车组织调整。

非全自动驾驶模式下爆炸应急处置流程如图 7-24 所示。

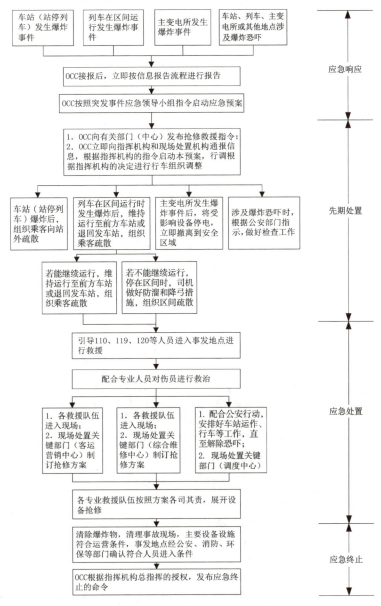

图 7-24　非全自动驾驶模式下爆炸应急处置流程图

全自动驾驶模式下爆炸应急处置流程如图 7-25 所示。

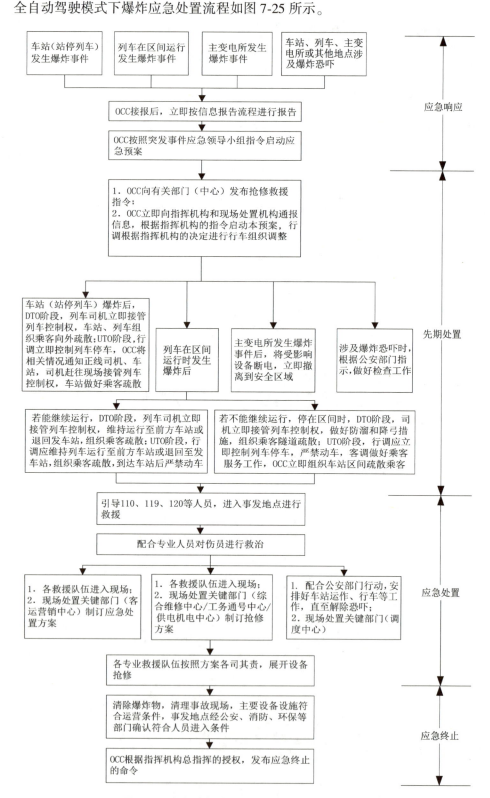

图 7-25　全自动驾驶模式下爆炸应急处置流程图

(二) 毒气袭击应急处置

本预案所致毒气袭击，是指由于人为故意或过失、输油（输气）管道泄漏等造成有毒气体泄漏，引发群体性伤害的事件。

毒气袭击应急处置流程如图7-26所示。

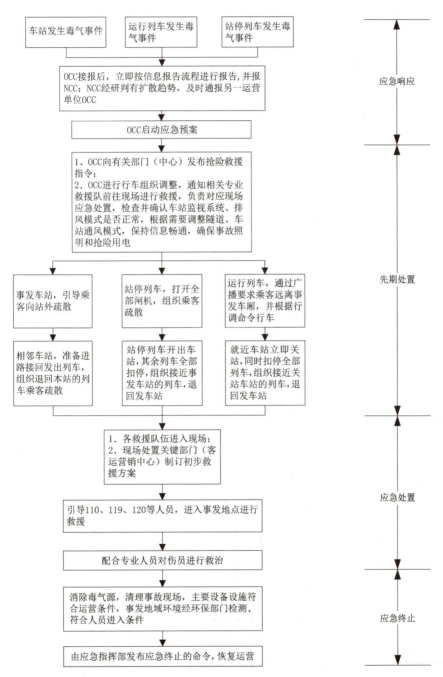

图 7-26　毒气袭击应急处置流程图

(三) 核生化袭击应急处置

核生化武器（NBC 武器）是指核武器、生物武器和化学武器。

核生化袭击是指使用核武器、生物武器和化学武器进行的恐怖攻击活动。

核武器是指利用重原子核链式裂变反应或氢原子核自持聚变反应瞬间放出的巨大能量，产生爆炸作用，并具有大规模杀伤破坏效应的武器。

生物武器是指一种利用生物战剂（病毒、细菌、真菌等）使人、畜致病、植物受害的杀伤破坏性武器，也称细菌武器。

化学武器是指以毒剂的毒害作用杀伤有生力量的武器。

核生化袭击应急处置流程如图 7-27 所示。

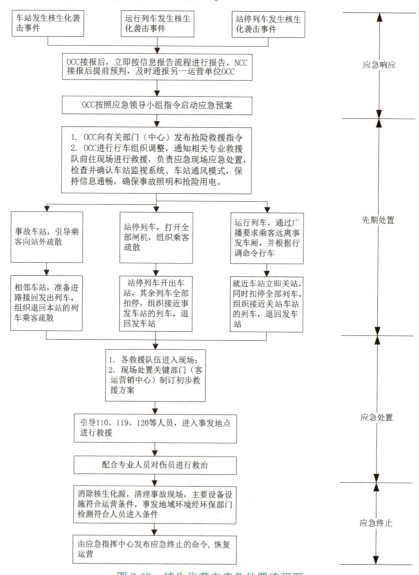

图 7-27 核生化袭击应急处置流程图

（四）突发大客流应急处置

突发大客流是指车站单位时间内进站客流明显超出车站容纳能力和正线运输能力，且有继续增加的趋势，存在一定的安全风险，需采取控制措施的情况。突发大客流包括较大级大客流和重大级大客流。

突发大客流应急处置流程如图 7-28 所示。

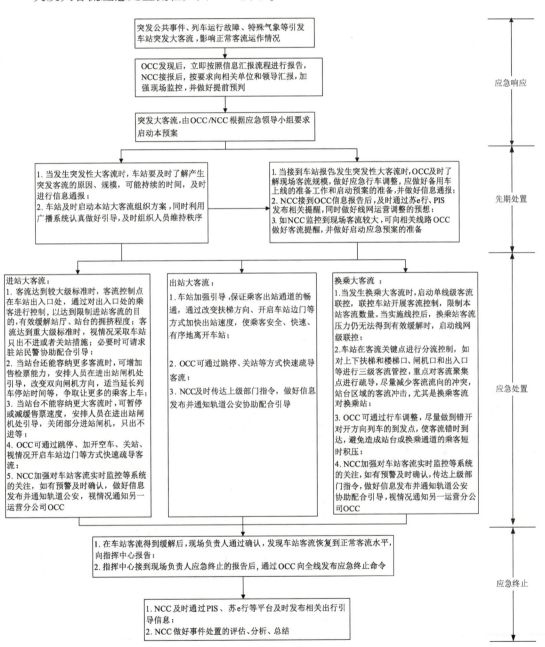

图 7-28　突发大客流应急处置流程图

（五）突发公共卫生事件应急处置

群体性不明原因疾病是指某一事件中，在某个相对集中的区域（如同一车间、班组、车站等集体单位）内同时或者相继出现3例及以上相同临床表现，经县级及以上医院组织会诊，不能诊断或解释病因，有重症病例或死亡病例发生的疾病。这类疾病可能是传染病（包括新发传染病）、中毒或其他未知因素引起的疾病。

突发公共卫生事件应急处置流程如图7-29所示。

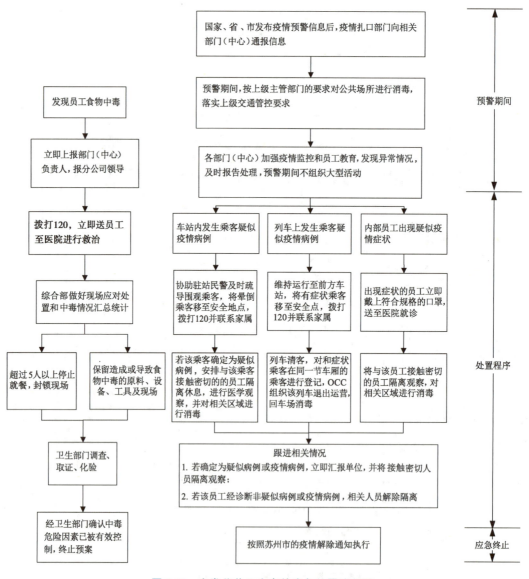

图7-29 突发公共卫生事件应急处置流程图

(六) 突发治安事件应急处置

治安事件是指群体或个人为了满足特殊需要或者达到特殊目的,利用或选择适宜的场所、时机和环境,通过实施违法犯罪或采取不正当手段,导致或促使事态加剧、扩大,从而扰乱、破坏社会治安秩序的越轨行为,如劫持人质、抢劫票款、围堵办公场所、安检发现可疑物品、群体活动中出现的治安事件等。

突发治安事件应急处置流程如图7-30所示。

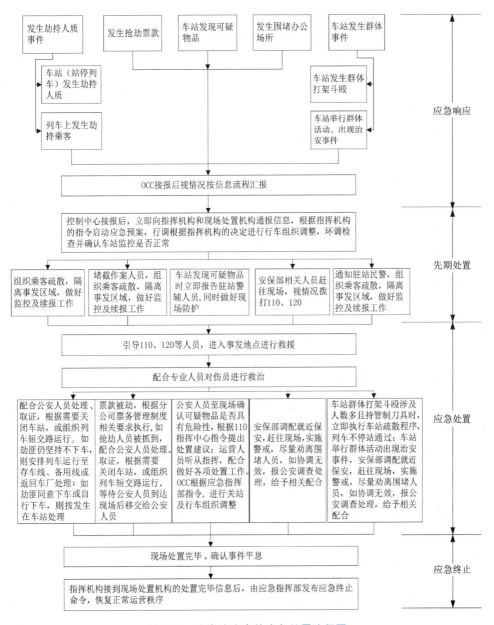

图7-30 突发治安事件应急处置流程图

技能实训

实训 故障场景处置演练

1. 实训内容

故障场景 1：运营前检查期间，03：32 信号人员报行调，Y 站防淹门故障，03：36 防淹门模块显示红光，信号系统上显示防淹门关闭信号，车站至现场确认未动作。请问应该如何处置？

故障场景 2：Z03010 时刻表，09：00 行调通过信号大屏发现 X 站、B 站设备集中站管辖区域全部显示紫光带，09：02 行调组织车站执行预复位成功。请问应该如何处置？

故障场景 3：17：46 D 站报：上行 4-3 站台门对应接触网上方有异物，已拍紧停按钮。17：52 司机回复影响行车，可降单弓通过。18：29 现场处理完毕，设备正常。请问应该如何处置？

故障场景 4：05：05 S 站下行出站 0201 次（压道车）报：下行区间发现有水淹过轨面，无法判断积水来源，无上涨趋势。05：13 司机回复为区间泵房处往外渗水，有上涨趋势。05：15 组织 D 站值站下轨行区查看邻线情况，回复上行区间有部分积水没过轨面，有上涨趋势。05：49 先期抢修人员到达故障点。05：57 现场负责人回复：积水来源为区间消防水管漏水，处理后现漏水已停止，专业正在组织排水。06：10 现场负责人回复：积水已排完，人员工具已清点，具备通过条件。请问应该如何处置？

故障场景 5：如图 7-31 所示，12：29 HMI 及大屏显示 A 站 D0104 道岔左位短闪，此时 3002 次位于 B 站上行出站，0508 次位于 D 站上行出站，0409 次位于 C 站下行。12：38 车站人员将 D0104 钩锁在左位出清轨行区。请问应该如何处置？

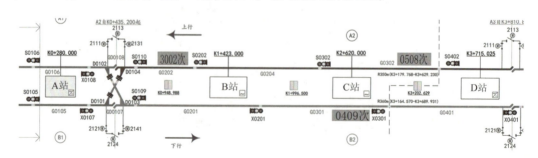

图 7-31 故障场景

2. 实训目标

熟练掌握各类常见故障情景的处置方法。

3. 实训方法

要求学员根据给定故障场景，快速、准确、清晰地给出对应场景下的处置步骤和方法。

项目训练

➤ 初级

1. 钢轨折断：钢轨整截面至少断成两部分；裂纹贯通整个轨头截面；裂纹贯通整个轨底截面；钢轨顶面上有长大于_____，深大于_____的掉块。

2. 信号系统故障分为_____、_____、_____、_____。

3. 车站大面积停电指单个及以上正线车站所有_____、_____负荷停电。

4. 突发大客流包括_____和_____。

➤ 中级

5. 非全自动线路 ATP 故障时，通知故障区域内站台列车降级为_____运行。

6. 突发大客流是指车站单位时间内进站客流明显超出_____和_____。

7. 非全自动线路道岔故障时，原则上采用_____。

8. 中央 ATS 故障时，通知设备集中站_____，并要求相关车站人工报_____。

9. 当列车发生故障无法动车，通过其他列车与其连挂，采用_____或_____的救援方式使之及时驶离正线。

➤ 高级

10. 列车冲突发生在正线，OCC 划定_____，同时做好行车调整，最大限度维持_____。

11. 接触网大面积停电是指由于接触网断线、永久短路等故障或全线主变电所故障退出导致的_____及以上供电分区的接触网停电。

12. 车站火灾的信息通报内容包括_____、_____、_____、影响情况、已采取措施。

13. 列车救援的处置关键点有哪些？

第二篇

线网篇

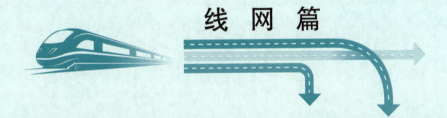

项目八　线网运行状态监视

学习目标

（1）掌握线网行车监视业务的作业内容和流程；
（2）掌握线网客流监测业务的作业内容和流程；
（3）掌握线网设备监视业务的作业内容和流程。

技能目标

（1）掌握每日运行图计划偏离情况统计分析内容和流程；
（2）掌握行车指标统计监察的内容及作业流程。

线网运行状态监视主要包括线网行车监视、线网客流监测、线网设备监视、报警管理、每日运行图计划偏离情况统计分析及行车指标统计监察等，如图 8-1 所示。以下介绍部分内容。

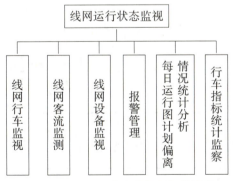

图 8-1　线网运行状态监视知识结构图

知识学习

一、线网行车监视

线网行车监视业务主要包括对行车统计、站场图、运行图和行车状态等模块的监视。其中行车统计分为线路行车关键指标和行车报点两个模块。线网调度员需对各线路计划开行列次、实际开行列次、兑现率、当前延误列次、晚点列次、正点率等行车关键指标及线网列车运行延误、晚点情况进行监视。

接班作业结束后，两名接班线网调度员至调度大厅本岗位上，与交班调度共同完成交接班作业后，开始履行当班期间线网行车监视的职责，密切关注当班期间线网行车系统及设备的运行情况、线网运营列车运行情况，以及线网列车运行图工作情况，记录当班期间发生的行车相关故障，必要时做好启动应急响应和应急处置的准备，如图8-2所示。

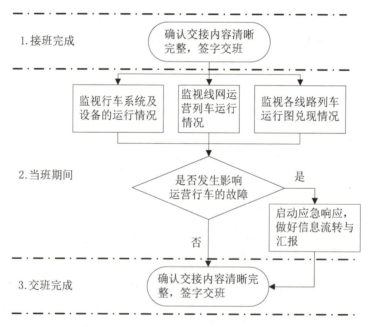

图8-2 线网行车监视业务

二、线网客流监测

(一) 线网客流监测简介

线网客流监测业务主要包括客流数据分析、客流指标排名、重点车站监视。

1. 客流数据分析

客流数据分析包括各线路客流情况、进/出站量客流、进/出站量日累计占比、密集度指数对比、OD量日累计等。

2. 客流指标排名

客流指标排名包括线路实时进/出站量排名、车站实时进/出站量排名、车站累计进/出站差值排名、车站实时集散量排名、车站实时满载率排名和车站日累计换乘量排名等。

3. 重点车站监视

重点车站监视包括车站实时数据、客流数据、车站密集度指数对比、车站视频和车站集散量等。

(二) 线网客流监测流程

线网调度员需对线网客流情况及客流数据进行监视,早晚高峰时需对大客流车站客流情况进行重点监视,必要时采取相应措施实施大客流管控。交接班作业结束后,两名接班调度员至调度大厅本岗位上,与交班调度共同完成交接班作业,开始履行当班期间线网客流监测的职责,对每日线网客流量进行实时监视。遇节假日或大型活动,当线网/单线/单站客流量有重大影响时,根据节假日/大型活动线网运营组织方案中对客流量、客流特点及客流峰值的预测,重点监视相应受影响范围的车站,确保在大客流发生的第一时间做出应急响应。线网客流监视业务如图8-3所示。

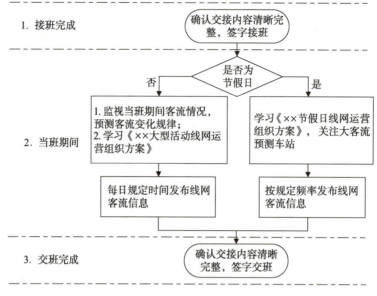

图 8-3　线网客流监视业务

三、线网设备监视

线网设备监视业务主要包括对设备报警信息、重要行车设备信息、区间水泵和设备信息统计的监视。其中设备信息统计分为设备修复率、线路/专业报警设备量占比、设备报警时间排名、专业报警设备数量等模块。

线网调度员需对线网环控机电设备（如供电设备、水泵）运行情况及综合监控数据进行监视，遇恶劣天气，需定期查看一次线网环控机电重点设备（如供电设备、水泵）运行情况，如发现异常情况需进行通报及记录。交接班作业结束后，两名接班调度员至调度大厅本岗位上，与交班调度员共同完成交接班作业后，开始履行当班期间 NCC 调度大厅内其他设备监视的职责，密切关注设备的运行情况，保证设备的稳定性和灵活性，发生故障后第一时间记录并报修。线网设备监视业务如图 8-4 所示。

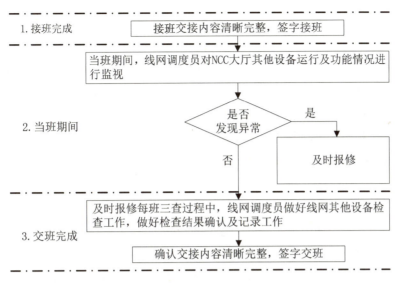

图 8-4　线网设备监视业务

四、每日运行图计划偏离情况统计分析

线网调度员需具备根据列车运行调整计划辅画列车运行图的能力，每班完成站列次指标统计，每月需对运行图计划偏离情况进行统计分析。

站列次偏离：列车实际运行过程中出现与计划偏离 2 min 以上情况时，统计为站列次偏离。以列车在车站实际到点比照计划到点进行统计，其中早到 2 min 以上及晚 2 min 以上均统计为站列次偏离，将偏离列车在运行过程中出现的最大偏离统计为最大偏离时间。

注意：为准确反映对乘客服务的影响程度，晚点站列次只对载客列车进行统计。

每日运行图计划偏离情况统计分析流程如图 8-5 所示。

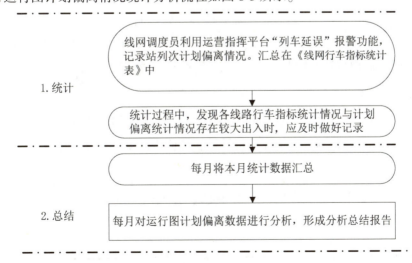

图 8-5　每日运行图计划偏离情况统计分析流程

（一）监督统计

（1）各调度班组线网调度员 1 利用运营指挥平台"列车延误"报警功能，实时记录站列次计划偏离情况，汇总在《线网运行图计划偏离情况（站列次）统计表》中。总值班调度长、线网调度员 2 做好数据核对确认。

（2）统计过程中，发现各线路行车指标统计情况与计划偏离统计情况存在较大出入时，应及时做好记录。

（二）分析总结

（1）各班组总值班调度长每月将本月统计数据通过邮件形式发送给调度工程师汇总。

（2）每月月底前，对各班组提交的运行图计划偏离数据进行分析，形成分析总结报告，通过对运行偏离列次、最大偏离时间、平均偏离时间等指标分析，多维度评价当月线网行车组织水平及客运服务质量。

五、行车指标统计监察

各运营单位应如实进行行车指标统计并分析，NCC 应对各 OCC 指标统计情况进行监察。每日运营结束后，NCC 应核查各线路列车运行图执行情况，对列车运行计划偏离情况进行统计。

（一）基本流程

1. 行车监察

（1）线网调度员 1 对线网运营情况做好监察，如实记录列车延误报警情况。

（2）线路突发应急处置结束后，应提报事件专报，线网调度员 1 应比对列车运行图，对列车实际运行与计划偏离的相关行车指标进行统计，总值班调度长审核后方可发布。

2. 统计审核

未发生突发应急处置时，每日运营结束后，线网调度员 1 应核查各线路列车运行图执行情况，对列车运行计划偏离情况进行统计，总值班调度长每月汇总数据。

3. 分析总结

每月月底前收集汇总相关数据，形成月度线网计划偏离报告和运输质量评价报告。

(二) 主要指标

1. 列车运行图兑现率

列车运行图兑现率是指统计期内，实际开行列车次数与列车运行图图定（计划）开行列车次数之比。

$$列车运行图兑现率 = \frac{实际开行列车次数}{图定（计划）开行列车次数} \times 100\%$$

实际开行列车次数：实际完成列车运行图中规定的列车开行计划的列车数量（不包含加开列次，单位：列）。

图定（计划）开行列车次数：列车运行图中规定的开行列车数量（单位：列）。

2. 列车正点率

列车正点率是指统计期内，正点列车次数与实际开行列车次数之比。

$$列车正点率 = \frac{正点列车次数}{实际开行列车次数} \times 100\%$$

正点列车次数：统计期内，在执行列车运行图过程中，列车终点到站时刻与列车运行图计划到站时刻相比误差小于 2 min 的列车次数（单位：列）。

3. 列车服务可靠度

列车服务可靠度是指统计期内，全部列车总行车里程与 5 min 及以上延误次数之比（单位：万列千米/次）。

$$列车服务可靠度 = \frac{全部列车总行车里程}{5 \text{ min 及以上延误次数}}$$

4. 列车退出正线运营故障率

列车退出正线运营故障率是指统计期内，列车因发生车辆故障而必须退出正线运营的故障次数与全部列车总行车里程之比（单位：次/万列千米）。

$$列车退出正线运营故障率 = \frac{导致列车退出正线运营的车辆故障次数}{全部列车总行车里程}$$

导致列车退出正线运营的车辆故障次数，即因发生车辆故障而导致列车必须退出正线运营的故障次数。

5. 总开行列车数

总开行列车数是指当日开行的列车总数，包括实际开行列车数和加开列车数。

6. 加开列车数

加开列车数是指统计期内，根据实际需要开行的计划列车以外的列车数（包含空车）。

7. 晚点

列车终点到站时间与列车运行图计划到站时间提早或延误误差大于等于 2 min 的列车为晚点列车。晚点按照责任划分为责任晚点和非责任晚点。

（1）责任晚点：由运营可控因素造成的晚点。

（2）非责任晚点：由运营不可控因素造成的晚点。

（3）排队晚点：列车故障后，通过在站待令、区间限速等正常行车调整手段导致的前/后方列车晚点。

8. 抽线

抽线是指统计周期内无法实现按运行图组织行车而取消计划的列车线。

9. 下线

下线是指列车因车辆故障或其他原因无法维持运营，在运行途中需清客退出服务（不包含载客运行至终点站退出服务，换上备用车运营）。

10. 清客

清客是指已经进行载客的列车因故无法继续执行载客服务，需要在站台、区间将乘客清出至站台的行为（首发站均不计为清客）。清客按照责任划分为责任清客和非责任清客；按照原因划分为故障清客和调整清客。

（1）责任清客：由运营可控因素造成的清客。

（2）非责任清客：由运营不可控因素、专特运任务造成的清客和调整清客。

（3）故障清客：由设备故障导致的列车被动清客。

（4）调整清客：在故障区域外，为了减小设备故障影响而采取的主动清客（如执行小交路等）。

11. 故障救援

故障救援是指在运营期间正线因列车故障或其他原因，导致列车在车站或正线区间无法运行，需由另一列车（或工程车）连挂后驶离正线运营区域的情况。

12. 退出正线运营

退出正线运营是指列车因故中途或终点站退出服务的情况，含下线、救援、终点站退出服务换备车等情况。

技能实训

实训　运行图指标计算

1. 实训内容

如图 8-6 所示，当日图定开行总列次 360 列次，其中载客 314 列次。请根据列车运行图情况（其余时间段列车均正常运行）计算出列车运行图兑现率、列车正点率、总开行列车数、加开列车数、晚点、抽线、下线、清客、退出正线运营的指标。

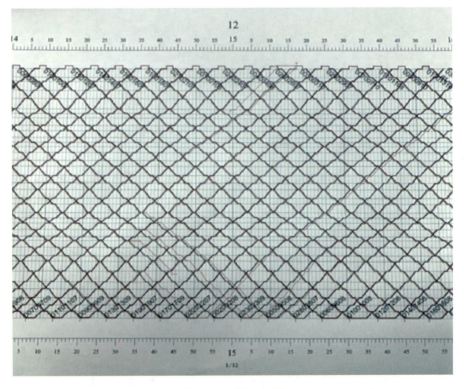

图 8-6　示例运行图

2. 实训目标

熟练掌握列车运行图图示原理，能快速从运行图中读取所需的数据；
掌握运行图各类指标的计算方法，能利用所读取的数据计算各项运行图指标。

3. 实训方法

要求学员整理出各项运营指标的计算公式，并根据给定的运行图，快速、准确地读取相关数据，利用读取所得数据计算得出各项运行图指标值。

项目训练

> 初级

1. 列车终点到站时间与列车运行图计划到站时间_____的列车为正点列车。
2. 列车运行图的另一种文本表示形式是_____。
3. 列车运行图横坐标表示_____，纵坐标表示_____。
4. 为了适应不同列车的运行需要，列车运行图按照时间的划分而不同，主要有以下四种基本格式：_____、_____、_____、_____。
5. 根据客流特征的不同，列车运行图分为_____、_____和_____。
6. 请简述站列次偏离的定义。

> 中级

7. 请阐述列车运行图兑现率的定义。
8. 请阐述列车正点率的定义。
9. 请写出总开行列车数的定义。
10. 请写出加开列车数的定义。
11. 请写出抽线的定义。
12. 请写出客运量的定义。
13. 请写出断面客流量的定义。

> 高级

14. 主要行车指标有哪些？
15. 线网行车监视业务的主要内容有哪些？
16. 线网客流监视业务的主要内容有哪些？
17. 线网设备监视业务的主要内容有哪些？

项目九　线网运营信息收发

学习目标

(1) 掌握线网运营信息收发原则；
(2) 掌握线网运营日常生产运输组织信息收发内容和流程；
(3) 掌握线网突发运营事件应急信息收发要求和流程；
(4) 掌握线网运营日报编制流程；
(5) 掌握预警信息发布流程。

技能目标

(1) 掌握线网调度命令发布流程；
(2) 掌握线网重要运营信息提示收发要求和流程；
(3) 掌握临时运营组织调整方案发布流程；
(4) 掌握面向公众的对外运营信息发布要求。

线网运营信息包括线网运营日常生产运输组织信息、预警类信息、突发运营事件应急信息等。日常生产运输组织信息包括线网运输方案调整、每日运营简况、运营日报、客流数据等日常信息；预警类信息包括政府部门发布的自然灾害类预警信息等；突发运营事件应急信息包括自然灾害、事故灾难、公共卫生事件、安全事件的应急响应及处置信息等。

运营信息从发布范围上分为各运营单位内部流转信息、运营板块内部流转信息、对外信息等。对外信息是指向集团以外接口单位（如交通运输局、轨道公安、市应急办等）及公众等发布的信息。

知识学习

一、线网运营信息收发原则

（1）运营信息收发应遵循及时、准确、真实的原则，做到要素完整、重点突出、表述准确、文字精练、范围准确。

（2）运营信息发布应谨慎严肃，信息内容及发布范围应进行审核确认。

（3）运营信息报告应遵循逐级报告、初次快报和及时续报的原则，任何岗位、组织不得迟报、漏报、瞒报。参与收发或接触过运营信息的组织或个人严禁私自对外传播。

二、线网运营日常生产运输组织信息收发

NCC每日早间发布前一日运营简况，主要包括行车指标、客流等基本信息；在每日固定时间点发布线网客流信息，节假日定期发布，同时在节假日结束后发布线网节假日运营总结。每日信息发布流程如图9-1、图9-2所示。

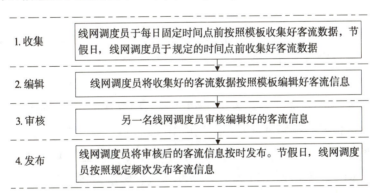

图9-1　线网客流信息发布流程

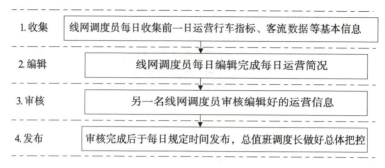

图 9-2 每日运营简况发布流程

三、线网突发运营事件应急信息收发

应急处置信息包括自然灾害、事故灾难、公共卫生事件、安全事件的应急响应及处置信息。

（一）应急信息收发要求

（1）当发生各类运营突发事件时，各运营单位涉事部门（中心）或现场人员应按有关规定要求立即报告事件情况，报告内容应包括时间、地点、现场情况、已造成的后果、信息来源等事件简要经过；对事件起因、事件性质、影响范围、发展趋势、处置情况、拟采取的措施及下一步工作建议，应迅速核实并及时续报。如有条件，应提供事件现场相关照片或声像材料。

（2）当达到Ⅴ类及以上信息时，各运营分公司在进行内部流转的同时，须在 5 min 内通过电话、系统等渠道报告 NCC 并做好续报工作。NCC 接报信息后做好研判，对于部分重要Ⅴ类信息可升级到Ⅳ类进行发布。当发生Ⅳ类及以上运营突发事件（包括未对运营造成影响的安全事件）时，各运营分公司涉事部门（中心）或现场人员应按有关规定，立即报告事件情况。现场负责人到达现场 10 min 内向 OCC 进行信息通报，报告内容应包括时间、地点、现场情况、已造成的后果等事件简要经过，OCC 收到事件信息汇总后 5 min 内通报 NCC。后续对事件起因、事件性质、影响范围、发展趋势、处置情况、拟采取的措施及下一步工作建议，应迅速核实并及时续报。如有条件，应提供事件现场相关照片或声像材料。

（3）当达到Ⅲ类及以上信息时，受事件影响的各运营分公司提供重要紧急信息，相关信息由运营分公司领导审核后上报 NCC，NCC 按要求进行重要紧急信息报告。

（4）当达到Ⅰ、Ⅱ、Ⅲ类信息时，NCC 应及时、准确、全面地了解事件情况，电话通报相关领导。必要时 NCC 应编写事件简要报告（事件基本情况、影响情况、应急响应措施、下一步举措等），经领导审核后以电话等方式通报 OCC。

(5) 各运营单位按照相关规章要求进行重要紧急信息报告。

(6) 突发运营事件终止后，各运营单位按照相关规章上报事件调查分析报告。

（二）应急信息收发流程

1. 信息收集

(1) 事件发生时间（月、日、时、分）、地点（区间、百米标、上下行线）。

(2) 列车车次、车组号、关系人姓名、职务。

(3) 故障/事件概况及原因。

(4) 人员伤亡情况及车辆、线路等轨道交通设备损坏情况。

(5) 是否需要救援。

(6) 是否影响邻线运行。

(7) 其他有必要说明的内容及要求。

2. 信息编辑

线网调度员 1 根据应急信息模板，编辑好发布内容。

3. 信息审核

经线网调度员双确认后，由调度长审核编辑好的运营信息。

4. 信息发布

(1) 线网调度员 1 发布经线网调度长审核后的运营信息。

(2) 跟进事件后续处置情况，视情况续发信息。

应急信息收发流程如图 9-3 所示。

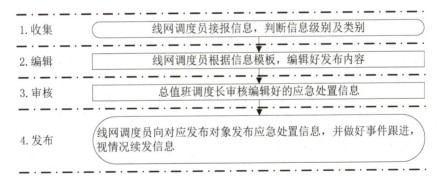

图 9-3　线网突发运营事件应急信息收发流程

四、线网运营日报编制

线网运营日报即运营、设备生产情况日报表，分线网运营日报和线路运营日报。内容主要包括重要运营统计指标、当日重要运营情况摘要、重要设备故障情况等信息。

各 OCC 负责每日早间通过运营信息服务系统，填报所辖线路行车指标、运营信息、施工情况等数据，清分票务部门于每日早间提供的客流数据（涉及换乘站的客流需按照清分系统统计规则进行统计），NCC 于每日早间完成线网运营日报的编制及发布，如图 9-4 所示。

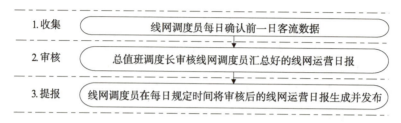

图 9-4　线网运营日报编制流程

五、预警信息发布

NCC 接到自然灾害类等预警类信息时，及时将信息传达至 OCC；各 OCC 接到预警类信息后及时进行相关工作布置，并向 NCC 反馈工作开展情况，如图 9-5 所示。

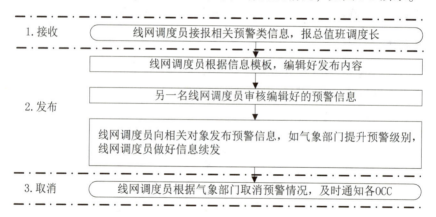

图 9-5　预警信息发布流程

六、线网调度命令发布

发布调度命令时须严格按照标准用语，遵循"发令六步曲"的步骤，确保调度命令内容清晰完整、无错误、无遗漏。

(一) NCC 总值班调度长调度命令

1. 书面命令

书面命令适用于非应急情况下，线网各线路影响较大的临时运营组织调整方案。

2. 口头命令

因突发事件、突发大客流输运及其他临时需要调整的线网运营组织方案的调度命令，可以口头命令形式发布的称为口头命令。

(二) NCC 总值班调度长调度命令的发布流程

1. 施工调度系统发布调度命令

（1）草拟调令。总值班调度长在施工调度系统中草拟调度命令（或模板自动生成）后完善相关内容，填选"调度命令回复时间"值及"限制时间"选择框。

（2）二次确认。总值班调度长对调度命令内容进行二次确认，或者指定一名线网调度员进行调度命令内容的确认，并在系统中签名确认。

（3）发布调令。总值班调度长通过施工调度系统发布调度命令。

（4）签名闭环。总值班调度长确认施工调度系统已收到各受令端的调令回执单，签名确认闭环。

2. 电话发布调度命令

（1）草拟调令。总值班调度长在《综合日志》调度命令模块中草拟调度命令内容、发令日期、命令号码、发令人、调度代码、受令及抄知处所。

（2）二次确认。总值班调度长对调度命令内容进行二次确认，或者指定一名线网调度员进行调度命令内容的确认，确认完毕后签名确认。

（3）发布调令。总值班调度长确认发令条件具备后，按照"发令六步曲"的步骤发布调令。

① 条件确认：共同确认发布相关调度命令的条件具备。

② 受令人（发令人）确认：总值班调度长通过有线调度台对受令处所进行点名，记录受令人姓名并指定复诵人。

③ 发布（接收）内容：总值班调度长按照命令号码、受令及抄知处所、命令内容、发令日期、发令时间的先后顺序发布调令，并记录发令时间。

④ 收听（复诵）：复诵人逐句复诵完毕后，再完整复诵一遍，总值班调度长确认复诵内容正确完整。

⑤ 完毕+调度代码：总值班调度长确认复诵正确后，给出"完毕+调度代码"。

⑥ 执行结果确认：总值班调度长确认相关受令端对调度命令的操作正确无误，完善

《综合日志》内容并签名确认。

(三) NCC 线网调度员调度命令

1. 书面命令

(1) 非应急情况下,跨分公司的行车组织调整任务命令。

(2) 主所倒闸操作及施工作业命令。

(3) 运管中心管辖设备抢修。

(4) 跨分公司的抢修命令。

2. 口头命令

除必须发布书面命令的情况,其他调度命令均可以口头命令形式发布。

(四) NCC 线网调度员调度命令的发布流程

1. 施工调度系统发布调度命令

(1) 草拟调令:线网调度员1登录本人的施工调度系统账号,并草拟调度命令(或模板自动生成)后完善相关内容。

(2) 二次确认:线网调度员2对调度命令内容和受令端进行二次确认,无误后在系统中签名确认。

(3) 发布调令:线网调度员1通过施工调度系统发布调度命令。

(4) 接收回执单:线网调度员1确认施工调度系统已收到各受令端的调令回执单,签名确认闭环。

2. 电话发布调度命令

(1) 草拟调令:线网调度员1在《综合日志》中草拟调度命令内容、发令日期、命令号码、发令人、调度代码、受令及抄知处所。

(2) 二次确认:线网调度员2对调度命令内容和受令端进行二次确认,无误后在《综合日志》中签名确认。

(3) 发布调令:线网调度员1按照"发令六步曲"的步骤发布调令,具体如下:

① 条件确认:共同确认发布相关调度命令的条件具备。

② 受令人(发令人)确认:线网调度员1通过有线调度台对受令处所进行点名,记录受令人姓名并指定复诵人。

③ 发布(接收)内容:线网调度员1按照命令号码、受令及抄知处所、命令内容、发令日期、发令时间的先后顺序发布调令,并记录发令时间。

④ 收听(复诵):复诵人逐句复诵完毕后,再完整复诵一遍,线网调度员1确认复诵内容正确完整。

⑤ 完毕+调度代码：线网调度员 1 确认复诵正确后，给出"完毕+调度代码"。

⑥ 执行结果确认：线网调度员 1 确认相关受令端对调度命令的操作正确无误，完善《综合日志》并签名确认。

七、线网重要运营信息提示收发

线网重要运营信息包括且不限于线网对外协调的重要信息、各类预警信息、应急响应启动级别信息、线网影响运营服务质量和安全的重要因素等。

NCC 负责线网重要运营信息的收集、汇总并提出有关落实要求，根据需要提出信息反馈要求。NCC 作为线网运营信息中心，负责线网重要运营信息提示的发布工作。

各运营单位负责本公司有关重要运营信息的处理和落实，负责处理结果的汇总和分析，及时向 NCC 反馈。

（一）线网重要运营信息提示收发要求

（1）线网重要运营信息提示制度是确保线网运营安全、提高线网运营服务质量、及时有效地应对突发事件的一项重要机制。各运营单位应高度重视，不断完善信息流转机制，采取措施，促进重要运营信息的有效落实，保障运营安全和服务质量可靠。

（2）各运营单位应及时总结本制度在执行过程中存在的问题，提出完善意见或建议。

（二）线网重要运营信息提示收发流程

（1）NCC 收集到线网重要运营信息后，按照线网重要运营信息提示模板，制定线网相关工作落实要求，经 NCC 有关领导审核后向各运营单位领导、各部门（中心）负责人、OCC 等发布线网重要运营信息提示。

（2）各运营单位、相关部门（中心）收到线网重要运营信息提示后，及时进行处理和落实，确保运营安全和服务质量可靠，及时汇总和分析处理结果。

八、临时运营组织调整方案发布

非应急情况下，线网各线路影响较大的临时运营组织调整方案，以总值班调度长书面命令形式发布，因突发事件、突发大客流及其他需要临时调整线网运营组织的方案，可以口头命令形式发布。OCC 值班调度长根据总值班调度长的命令，向管辖范围发布相关调度命令。

临时运营组织调整方案的发布流程：

(一) 非应急情况

● 施工调度系统

1. 拟订方案

线网调度员1拟订临时运营组织调整方案,线网调度员2核实无误后提交总值班调度长审核。

2. 拟写调令

总值班调度长在施工调度系统中草拟临时调整运营组织方案的调度命令(或自动生成后完善相关内容)。

3. 发布命令

总值班调度长确认后,通过施工调度系统发送给各受令端(相关线路OCC值班调度长),总值班调度长通过施工调度系统确认各受令端已接收调度命令,调度命令发布已完成。

4. 监督交接

当班调度在《综合日志》"重要交接班事项"中记录交接,并通过运营指挥平台对各受令端的调度命令执行情况做好监督。

● 有线调度台

1. 拟订方案

线网调度员1拟订临时运营组织调整方案,线网调度员2核实无误后提交总值班调度长审核。

2. 草拟调令

总值班调度长在《综合日志》中草拟临时调整运营组织方案的调度命令。

3. 发布命令

总值班调度长审批确认后,通过有线调度台发送给各受令端(相关线路OCC值班调度长)。

(1) 根据受令处所进行点名并记录受令人姓名。

(2) 指定专人复诵。

(3) 按照命令号码、受令及抄知处所、命令内容、发令日期、发令时间的先后顺序发布命令。

(4) 复诵人逐句复诵完毕后,再通篇复诵一遍。

(5) 复诵正确后,给出调度代码。

4. 监督交接

当班调度在《综合日志》"重要交接班事项"中记录交接，并通过运营指挥平台对各受令端的调度命令执行情况做好监督。

(二) 应急情况

1. 拟订方案

线网调度员1拟订临时运营组织调整方案，线网调度员2核实无误后提交总值班调度长审核。

2. 拟写调令

总值班调度长在施工调度系统中草拟临时调整运营组织方案的调度命令（或自动生成后完善相关内容）。

3. 发布命令

总值班调度长确认后通过有线调度台（或无线调度台）发送给各受令端（相关线路OCC值班调度长）。

（1）根据受令处所进行点名并记录受令人姓名。

（2）指定专人复诵。

（3）按照命令号码、受令及抄知处所、命令内容、发令日期、发令时间的先后顺序发布命令。

（4）复诵人逐句复诵完毕后，再通篇复诵一遍。

（5）复诵正确后，给出调度代码。

4. 监督交接

当班调度在《综合日志》"重要交接班事项"中记录交接，并通过运营指挥平台对各受令端的调度命令执行情况做好监督。

(三) 临时运营调整情况

因大型活动、节假日等，需组织临时运营调整时，NCC需做好以下应对工作：

（1）NCC需掌握临时调整运输组织方案内容。

（2）NCC及时发布运营调整信息提醒（常规情况下提前1日发布）。

（3）NCC及时发布相关线网重要运营信息提示（原则上至少提前1日发布）。

（4）NCC及时通过乘客信息系统等平台发布运营调整信息，活动结束后次日取消前发调整信息。

（5）NCC于活动当天收集并发布活动前后影响较大车站的客流情况。

(6) 活动结束后，及时发布活动简报（收到运营单位相关反馈信息需纳入到总结中）。

九、面向公众的对外运营信息发布要求

NCC 负责向微博、微信等平台提供运营调整、客流等告知信息；各运营单位如需通过微博、微信等平台向乘客发布信息，应向 NCC 提供信息内容或稿件等，如图 9-6 所示。

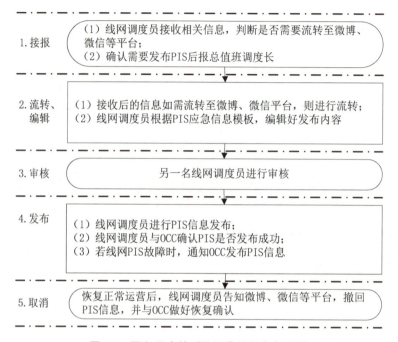

图 9-6　面向公众的对外运营信息发布流程

车站可通过出入口、站厅 LED 屏、广播、告示牌等发布日常乘客提示信息，司机可通过车载 PIS、广播发布乘客提示信息，相关模板由各运营单位自行规定。

（一）线网突发运营事件对外信息发布要求

1. 信息收集与研判

NCC 根据收集到的关于突发运营事件相关信息，或通过线网指挥中心系统发现列车运行及车站运营秩序异常时，对事件产生的影响进行初步研判，并与事发运营单位所属 OCC 确认影响情况后，发布对外公告信息，向乘客做好解释说明，做好乘客服务工作。

2. 突发运营事件时，对外信息发布条件

（1）发生列车晚点 10 min 及以上情况。

（2）发生车站关站、线路全部或局部中断情况。

（3）发生突发大客流情况。

3. 突发运营事件时，对外公告信息发布要求

信息发布的顺序为官方微博、乘客服务平台、PIS 平台。

（1）官方微博发布要求：线网调度员根据接报信息内容判断信息类别后，在 5 min 内将首条微博信息发出。

（2）乘客服务平台发布要求：在官方微博首条微博信息发布完成后，线网调度员应于 5 min 内完成乘客服务平台公告发布。

（3）PIS 平台发布要求：列车延误 10 min 及以上时，在线网各站滚动发布；当发生紧急情况时，在受影响车站全屏发布，在线网其他各站滚动发布；当发生大客流时，在事发车站非站台区域全屏发布，其余各处滚动发布；NCC 调度员在 15 min 内通过 PIS 平台向具备接收条件的车站发布相关提示信息；如系统故障或不具备发布功能时，及时通知设备所属 OCC 进行发布。

PIS 信息发布流程如图 9-7 所示。

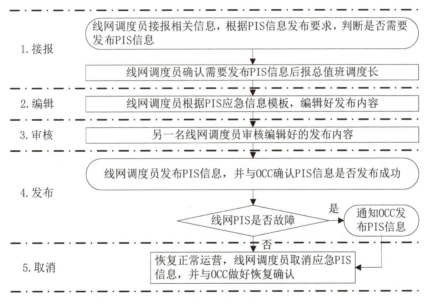

图 9-7　PIS 信息发布流程

（二）恶劣天气应急情况下对外信息发布要求

遇大风、暴雨、台风、寒潮等恶劣天气情况时，NCC 发布对外信息时的要求：

（1）当 NCC 收到恶劣天气预警信息时，根据相关规章，预判对列车运行及车站运营产生的影响情况、将可能采取的运营调整及应对措施等情况，持续在官方微博、乘客服务平台、PIS 平台更新发布。

（2）当恶劣天气来临时，将运营调整信息（如高架区段采取限速、关站、停运等措

施）及时在官方微博、乘客服务平台、PIS 平台更新发布，做好乘客提醒。

（3）当恶劣天气影响减小或 NCC 接到车站开站、中断线路开通等信息时，NCC 视情况更新官方微博、乘客服务平台、PIS 平台相关信息。

（三）大客流应急情况下对外信息发布要求

因举办演唱会、体育赛事、跨年活动等可能导致大客流情况时，NCC 发布对外信息时的要求：

（1）预判线网车站周边举办大型活动会发生大客流时，NCC 调度员至少提前 1 天更新官方微博、乘客服务平台、PIS 平台相关客流引导信息。

（2）当 NCC 接到活动举办车站发生大客流信息时，及时通过官方微博、乘客服务平台、PIS 平台发布大客流提醒信息。大客流期间，NCC 接到车站出入口客流管控、关站、边门放行等信息时，及时在官方微博、乘客服务平台、PIS 平台更新相关运营调整信息。

（3）当 NCC 接到大客流缓解等信息后，及时更新官方微博、乘客服务平台、PIS 平台相关信息。

◆ 技能实训

 疫情应对训练

1. 实训内容

参看以下信息,作为 NCC 当班人员在接到密接信息和确诊信息后,应该分别开展什么工作?

19:05　D 站厅一名女性乘客,被通知为密切接触者。

19:17　辅警查询乘客信息后确认该乘客来自高风险地区。

19:31　卫生部门已将相关人员集中转移。

次日 15:30　确认该乘客核酸检测为阳性。

2. 实训目标

掌握疫情社会环境下,如发现密接或确诊乘客,NCC 的正确应对方法。

3. 实训方法

要求学员熟练阐述疫情环境下,NCC 的应对措施和方法。

项目训练

▶ 初级

1. 运营信息包括____、____、____等。
2. 运营信息从发布范围上分为____、____、____。
3. 自然灾害预警分级：按照灾害的严重性和紧急程度，可分为____、____、____、____，用颜色代表分别为____、____、____、____。
4. NCC发布恶劣天气预警信息内容：(a)____；(b)____。
5. 当发生____、____、____、地震、火灾、毒气或不明气体等紧急情况，NCC可通过乘客信息显示系统（PIS）向具备接收条件的车站和列车发布相关提示信息。
6. 运营信息收发平台主要包括：____、____、____、____、告示牌、电话、邮件、传真、门户网站、微博、微信、服务热线等。

▶ 中级

7. 突发运营事件应急信息包括哪些？
8. 突发运营事件应急信息发布要求？
9. 突发事件报告的基本原则是什么？
10. 线网运营信息收发的原则是什么？
11. 线网突发运营事件应急信息的收发流程是什么？
12. NCC书面调度命令号码分哪几种？

▶ 高级

13. 线网运营日报有哪几类？有哪些主要内容？
14. NCC总值班调度长调度命令的发布流程是什么？
15. 线网重要运营信息提示收发流程是什么？
16. 因大型活动、节假日等，需组织临时运营调整时，NCC需要做好哪些应对工作？
17. 突发运营事件对外公告信息发布的要求是什么？
18. 恶劣天气应急情况下，对外信息发布的要求是什么？
19. 大客流应急情况下，对外信息发布的要求是什么？
20. 疫情应急情况下，对外信息发布的要求是什么？

项目十 线网应急调度指挥

学习目标

(1) 掌握线网日常应急信息管理的内容和流程;
(2) 掌握线网应急响应的启动、变更和终止流程;
(3) 掌握线网应急会商流程;
(4) 掌握应急演练组织内容和基本流程。

技能目标

(1) 掌握线网大客流监督管控与应急处置流程;
(2) 掌握线网恶劣天气应急处置工作内容;
(3) 掌握线网公交接驳应急处置流程;
(4) 掌握自然灾害、公共卫生事件、社会安全事件应急处置流程;
(5) 掌握线路发生重大故障应急处置流程;
(6) 掌握线网突发治安事件应急处置流程。

一、日常应急信息管理

(一) 应急物资、通讯录、应急救援队伍信息管理

NCC 应根据工作职能,统筹做好日常线网应急管理工作;应结合 NCC 系统功能,定期对应急物资、通讯录、应急救援队伍信息进行登记、更新、管理。其基本流程如下:

1. 日程管理

每月规定日期前,线网调度员1在运营指挥平台"值班管理"模块添加确认"日常应急信息"管理日程,包含应急物资、通讯录、应急救援队伍信息管理等内容。

2. 信息统计

(1) 各班组线网调度员2每月与各OCC确认线网应急物资情况,在应急指挥平台"应急物资储备信息管理"模块中,对应急物资信息(种类、描述、位置和数量等)核对1次并进行编辑维护。

(2) 各班组线网调度员2每月与各OCC确认线网应急队伍建设情况,在应急指挥平台"应急队伍"模块中,对应急队伍信息(类型、名称、所属区域及联系方式)核对1次并进行编辑维护。

(3) 各班组线网调度员2每月与各OCC确认线网应急成员通讯录情况,在应急指挥平台"应急通讯录"模块中对部门人员、应急救援队人员、应急抢险队人员的信息(所属单位、岗位、联系电话、座机电话)核对1次并进行编辑维护。

(4) NCC接报现场反馈应急物资、通讯录、应急救援队伍信息变更时,当班班组线网调度员1及时做好应急指挥平台信息更新,并在《综合日志》"重要交接班事项"中记录。

3. 汇总提报

NCC工程师每月在规定日期对当月应急信息更新情况进行统计汇总。

(二) NCC应急预案管理

NCC应定期梳理线网应急预案,按照预案层级,通过NCC系统进行统一管理,实现线网应急预案的数字化管理,便于线网发生应急情况时高效地启动应急预案。其基本流程如下:

1. 梳理归纳

每季度NCC工程师根据运营预案体系,对应急预案进行梳理、归纳、分类,并对应急指挥平台"数字化预案"模块进行1次维护管理预案分类:一类(级别)为线网层、线路层;二类(类型)为大风、暴雨等。

2. 导入关键措施

NCC工程师梳理各类线网应急预案处置,将关键步骤纳入相应"预案措施"模块。应急处置时,通过应急指挥平台启动应急预案后,快速下发应急处置指引至相关线路OCC,为现场应急处置工作提供技术指导。

3. 维护管理

NCC工程师应在年度应急预案修编完毕后,及时对应急指挥平台中"数字化预案"

模块进行增加、更新、删除等操作。

(三) 应急辅助信息组团管理

NCC结合应急处置的历史经验，提前对各类应急预案进行应急辅助信息组团管理，在应急处置时，为NCC调度处置人员提供便捷的应急辅助功能调用。其基本流程如下：

1. 维护管理

（1）NCC工程师牵头各班组，根据各类应急处置辅助功能调用实际需求，对应急辅助组团项进行新增、编辑、删除等操作（组团项名称、类型、地址、参数等信息）。

（2）NCC工程师牵头各班组，根据各类应急处置类型，提前按日期段、时间段、组团项设置不同的调用组，确保覆盖各类场景并做好备注。

2. 使用评估

（1）应急处置过程中，当班班组发现相应的辅助信息组团项无法使用或无须使用时，线网调度员1应及时报备NCC工程师进行更新维护。

（2）NCC工程师在每次线网应急处置后3日内，结合分析报告，对相应预案的辅助信息组团项的实用性进行评估和完善。

(四) 线网应急值班保障人员信息管理

NCC通过应急指挥平台"应急值守点"功能模块，提前录入线网各应急区域的值守人员信息，便于应急处置时第一时间联系相关专业抢修人员。其基本流程如下：

1. 信息录入

（1）NCC工程师提前收集线网各专业应急值守区域信息（应急区域、所属站点、值守专业、值守事件、联系方式），将相关内容录入到应急指挥平台"应急值守点"模块中。

（2）NCC工程师根据实际使用需求，按照专业、应急区域进行归类分组，便于应急处置时查看。

2. 更新维护

（1）每年规定日期，NCC工程师核对线网应急值班保障人员信息，进行更新维护。

（2）接到现场反馈线网值班保障人员变更的信息后，当班班组线网调度员1应立即报备NCC工程师，并进行更新维护，在《综合日志》"重要交接班事项"中进行交接。

(五) 应急信息模板管理

NCC对照各类应急情况，梳理应急信息发布类别，提前拟订应急信息发布模板并导入信息服务系统。应急处置时，可及时打开应急信息发布模板，填写关键字，快速进行信息发布。其基本流程如下：

1. 模板管理

（1）NCC 工程师可提前梳理各类应急情况，明确信息发布类别和关键内容。

（2）NCC 工程师根据信息发布要求，提前拟定各类信息发布模板并导入信息服务系统。

2. 模板使用

（1）发生应急处置时，当班班组线网调度员 2 根据事件类别，打开相应的应急信息发布模板，填写关键信息后由线网调度员 1 确认，并提交总值班调度长审核后发布。

（2）应急处置过程中，若发现应急信息模板错误、缺失，相关人员应及时反馈至 NCC 工程师进行维护。

3. 更新维护

NCC 工程师定期对信息服务系统的信息发布模块进行后台维护，执行更新、增加、删除等操作。

二、应急响应的启动、变更与终止

（一）信息报告

1. 突发事件的信息源

（1）各部门（中心）上报的信息。在轨道交通运营线路范围内已发生的突发事件或可能发生的突发事件，各部门（中心）的值班人员须按应急预案规定向本单位 OCC 报告，需报告 NCC 时由 OCC 及时向 NCC 报告，NCC 根据突发事件上报程序及时向上级部门报告。

（2）OCC/NCC 系统的相关信息。OCC/NCC 调度员接收 OCC/NCC 各系统的文字、图像的报警、提示信息、闭路电视画面等信息。

（3）国家和政府相关部门发布的与城市轨道交通突发事件相关的公共事件的预警、报警信息，社会新闻信息，群众反映，天气预报等。

2. 突发事件报告

突发事件报告的基本原则是快捷、准确、直报、续报。在突发事件发生后，须在第一时间按照信息报告的有关规定，报告、续报如下内容：

（1）呈报人的单位、姓名、职位及联络电话号码。

（2）事件发生的日期（月、日）、时间（时、分）。

（3）事件发生的地点（线路、车站、上下行线、里程标等）或列车车次、车次号、

位置及当时车站、列车上的乘客量。

（4）事件概况：现象及发展态势、可能影响运营程度、人员伤亡情况、设备损坏情况及影响范围。

（5）事件的起因或故障症状。

（6）现场情况。

（7）已采取的行动和请求支援事项。

（8）其他应当立即报告的情况。

（二）信息接报

1. 信息上报

突发事件发生后，按照属地管理原则进行上报。其基本流程如下：

（1）最先接到事件报告的单位，应第一时间向本单位 OCC/NCC 汇报。

（2）OCC 接报后，迅速确认事件性质和等级，同时报 NCC，并按要求逐级上报。

（3）NCC 接报后，5 min 内向相关人员进行信息报告。

2. 发布命令

应急指挥部通过 NCC 和 OCC 发布应急救援及抢修命令，相关部门（中心）为救援、抢修的受令单位。

3. 信息公开

突发事件信息遵循统一、快速、有序、规范管理的原则，对外舆情响应由事发运营单位的综合管理部门负责，主要负责突发事件信息的收发、配合集团办公室做好媒体应对等工作，信息的公开要按照相关要求执行。突发事件发生后，对外信息发布由集团办公室牵头，运营综合管理部门做好信息公布等配合工作。

（三）信息收集、判断

（1）OCC 在接收到现场信息后及时调整行车组织、客运组织，按规定发布相关信息，并通报 NCC；同时，OCC 根据需要向相关专业部门发布抢修令，各专业人员到达现场后开展先期处置工作。

（2）现场抢修负责人全面负责设备故障处理，在故障处理的前期需要将故障的影响、预计处理时间进行预判，并报 OCC。

（3）OCC、NCC 根据现场进行判断，如事件影响已达到响应条件时，立即启动响应等级应急响应。

（4）应急处置先期指挥权的实施流程：

① 突发事件发生后，在应急指挥部成立前，由先期处置负责人承担先期的处置工

作。突发事件发生在车站时，先期处置负责人由事发站（或 OCC 指定车站）的值班站长（区域站长在时为区域站长）承担。

② 突发事件发生在区间时，先期处置负责人由司机或行车调度员指定人员担任。

③ 突发事件发生在场段时，先期处置负责人由车场调度（车场主调在时为车场主调）或事发工班的工班长承担。

④ 突发事件发生在主所时，先期处置负责人由主所值班员承担，随着后续相关人员抵达现场，现场处置指挥权移交给现场处置负责人。

⑤ 专业救援队伍的指挥职责由各救援队队长担任，队长不在时由其指定的可胜任人员担任。

（四）响应变更

NCC 持续关注事件影响变化的情况，适时向上级应急管理部门提出调整响应级别的建议，根据应急指挥部命令及时变更响应级别，线网调度员及时通知相关线路 OCC 做好应急处置工作。

（五）响应终止

当相关威胁和危害得到控制、消除时，应急处置工作完成。具备应急响应终止条件后，由应急指挥部根据上级指示或现场条件决定终止应急响应，转入正常工作。如有必要，继续进行监测、监控，及时报送相关信息，直至事件影响完全消除为止。另外，根据要求，可通过广播电台、电视台和新闻媒体向社会发布应急响应结束的消息。

三、线网应急会商

运营发生突发事件后，NCC 及时通知集团值班领导，集团值班领导至 NCC 大厅了解事件的影响、处置情况，并对事件处置措施提出要求并协调资源参与处置。当发生自然灾害、公共卫生事件、社会安全事件及事故灾害，严重影响正常运营生产及安全时，应及时组织启动应急会商。应急会商的流程如图 10-1 所示。

总值班调度长应了解当前运营重大任务、节假日及重大活动运营组织情况，线网应急会商召开时，通过 NCC 系统可查看各线路列车运行、客流、主要设备运行情况，根据需要调阅 CCTV 视频，总值班调度长及线网调度员做好相互配合。

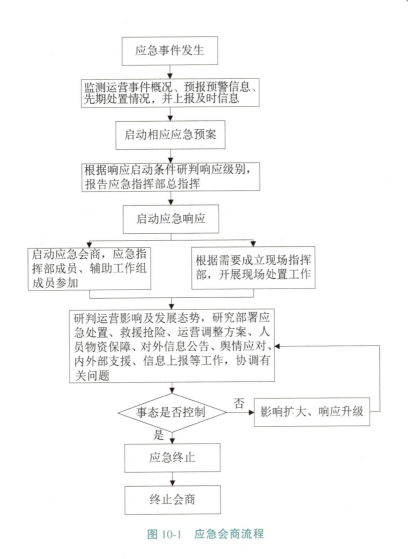

图 10-1　应急会商流程

四、线网大客流监督管控与应急处置

（一）突发大客流

突发大客流是指车站单位时间内进站客流明显超出车站容纳能力和正线运输能力，且有继续增加的趋势，存在一定的安全风险，需采取控制措施的情况。

1. 突发大客流分类

突发大客流包括较大级大客流和重大级大客流两种。

较大级客流是指候车乘客占用站台面积达到七成及以上、站厅乘客拥挤、出入口进站乘客持续增加的情况。

重大级客流是指候车乘客占用站台面积达到七成及以上、站厅和出入口乘客拥挤、站外乘客持续增加预计超过 20 min 以上,可能造成人员伤亡等后果的情况。

2. 突发大客流分级管控

单站级客流控制是指单个车站采取客流控制措施,控制车站客流数量的客流组织行为,简称站控。

单线级客流联控是指某线路车站采取客流控制措施限制进站人数,缓解该线路换乘站或大客流车站客流压力,均衡各站进站客流,有效分配线路运输能力的客流组织行为,简称线控。

线网级客流联控是指采取单线级客流控制后,仍无法缓解客流压力,邻线车站采取客流控制措施限制客流数量,缓解换乘站客流压力的客流组织行为,简称网控。

(二) 监督预警

当班期间,线网调度员 1 通过运营指挥平台及客流监测系统对线网客流做好监视,根据现场反馈及系统告警,逐级实施大客流管控措施。

(三) 客流管控

1. 单站级客流管控措施

单站级客流管控根据客流控制级别的高低,主要采取如下措施。

(1) 进站大客流。

① OCC 可通过跳停、加开空车、关站、视情况开启车站边门等方式快速疏导客流。

② NCC 加强对车站客流实时监控等系统的关注,如有预警及时确认,做好信息发布并通知轨道公安,视情况通知另一运营分公司 OCC。

(2) 出站大客流。

① OCC 可通过跳停、关站等方式快速疏导客流。

② NCC 及时传达上级部门指令,做好信息发布并通知轨道公安协助配合引导。

(3) 换乘大客流。

① OCC 可通过行车调整方式,尽量做到错开对开方向列车的到发点,使客流错时到达,避免造成站台或换乘通道的乘客短时积压。

② NCC 加强对车站客流实时监控等系统的关注,如有预警及时确认,传达上级部门指令,做好信息发布并通知轨道公安协助配合引导,视情况通知另一运营分公司 OCC。

2. 单线级、线网级客流管控措施

单线级、线网级联控过程中,相关车站通过实施较大级或重大级客流控制限制本站客流数量。

某线路实施线控后,换乘站台候车乘客持续三趟车仍无法上车,且站台、站厅、换乘通道乘客已超出警戒线时，OCC 应向 NCC 申请启动线网级大客流管控方案。NCC 向各 OCC 部署大客流管控措施，具体包括但不限于临时关闭换乘通道或降低换乘通道通过能力、单向开放或临时关闭出入口、邻线列车换乘站跳停等手段。

3. 其他管控措施

（1）OCC 应根据实际情况通过临时加开、跳停、关站等相应措施，缓解车站客流压力。启动线控或网控后，做好线路间信息通报及运能衔接工作。需市有关部门联合处置时，NCC 报告 TOCC，请 TOCC 协调联系。如需轨道公安配合进行客流控制，NCC 及时联系轨道公安。

（2）当车站外部（景区、大型活动等）客流较大，超出现场承载能力，NCC 接相关部门通知需要轨道交通配合采取临时管控措施（如限流、跳停、关站等）时，可配合实施协调，NCC 做好相关要求的传达和部署，并做好信息通报。

（四）信息发布

大客流管控期间线网调度员 2 应做好 PIS、广播、媒体、告示、微博、微信、官方网站等平台出行信息引导工作。

因举办演唱会、体育赛事、跨年活动等将导致大客流时，NCC 需做好以下应对工作：

（1）提前对大型活动时间、地点、具体安排等内容进行收集汇总。

（2）活动开始前后，NCC 及时发布客流信息提醒，信息内容为大客流车站半小时进出站量。

（3）现场客流管控信息流转至 NCC 后，NCC 及时发布。

（4）NCC 根据实际需要及时通过 PIS 平台、乘客服务平台等对外发布客流引导信息。

（5）大客流时的客流管控措施（如出入口进出调整及关闭、关站、边门放行等）由客运人员通过信息服务系统上报 NCC、OCC，客流管控涉及需跨分公司配合的，NCC 及时向相关 OCC 发布命令。

五、恶劣天气应急处置

遇大风、暴雨、台风、寒潮等恶劣天气情况时，NCC 需做好以下应对工作：

（1）NCC 须密切关注气象信息，及时发布天气提醒信息或气象预警信息，并及时启动线网级恶劣天气应急预案。

（2）启动线网级恶劣天气应急预案后，NCC 需及时向各 OCC 收集现场应对措施、现场处置情况、人员保障情况等重要信息，并同步收集现场情况照片。

（3）恶劣天气应急处置结束后，次日早上发布应急处置事件专报。

恶劣天气应急处置流程如图 10-2 所示。

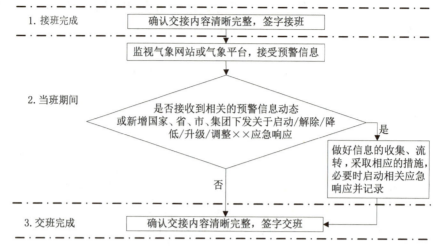

图 10-2　恶劣天气应急处置流程

六、公交接驳应急处置

线网发生突发情况导致严重影响且达到启动公交接驳条件时，NCC 及时启动或 OCC 向 NCC 申请启动公交接驳，NCC 做好对外协调工作及公交接驳组织工作，确保线网行车秩序平稳。公交接驳应急处置流程如图 10-3 所示。

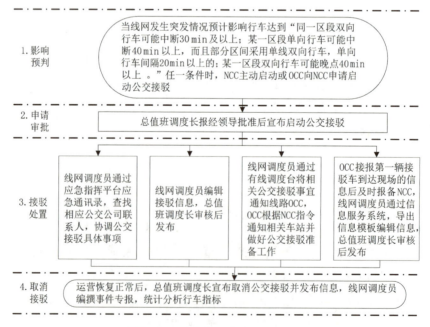

图 10-3　公交接驳应急处置流程

(一)影响预判

以下任一条件发生时,总值班调度长主动启动或 OCC 向总值班调度长申请启动公交接驳应急处置:

当线网发生突发情况预计影响行车达到"同一区段双向行车可能中断 30 min 及以上;某一区段单向行车可能中断 40 min 以上,而且部分区间采用单线双向行车,单向行车间隔 20 min 以上的;某一区段双向行车可能晚点 40 min 以上。"

(二)申请审批

NCC 当班调度班组总值班调度长报经领导批准后宣布启动公交接驳。

(三)接驳处置

(1) NCC 当班线网调度员 1 通过应急指挥平台应急通讯录,查找相应公交公司联系人,协调公交接驳具体事项。

(2) NCC 当班线网调度员 2 通过信息服务系统,导出公交接驳信息模板编辑信息,总值班调度长审核后发布。

(3) NCC 线网调度员 2 通过有线调度台将相关公交接驳事宜通知线路 OCC,OCC 根据 NCC 指令通知相关车站并做好公交接驳准备工作。

(4) OCC 接报第一辆接驳车到达现场的信息后、及时报备线网调度员 2,当班线网调度员 2 通过信息服务系统导出信息模板编辑信息,总值班调度长审核后发布。

(四)取消接驳

当达到"应急接驳公交车将滞留乘客疏散完毕、运营分公司根据实际情况采取客流控制措施、现场处于可控范围或恢复运营"任一条件时,总值班调度长宣布取消公交接驳并发布信息,线网调度员 1 通知相应公交公司及 OCC 取消公交接驳,线网调度员 1 编撰事件专报,并统计分析行车指标,报总值班调度长审核。

七、自然灾害、公共卫生事件、社会安全事件应急处置

发生自然灾害、公共卫生事件、社会安全事件,且国家、省、市、集团启动应急响应时,NCC 进行统一部署、统筹协调,监督各 OCC 的应急响应及有关措施落实情况,各 OCC 根据 NCC 的部署,负责所辖线路的具体应急指挥,其流程如图 10-4 所示。

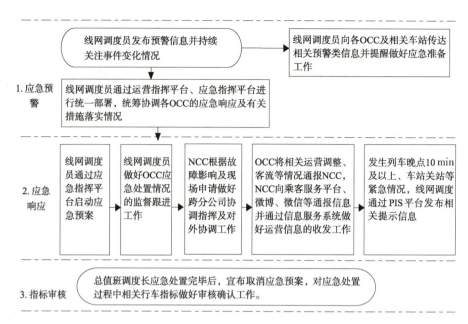

图 10-4　自然灾害、公共卫生事件、社会安全事件应急处置流程

（一）应急预警

（1）发生自然灾害、公共卫生事件、社会安全事件，且国家、省、市、集团启动应急响应时，线网调度员 1 通过信息服务系统发布预警信息并持续关注事件变化情况，各运营单位应积极采取有效措施进行防御。

（2）线网调度员 1 通过运营指挥平台、应急指挥平台进行统一部署、统筹协调，监督各 OCC 的应急响应及有关措施落实情况。

（二）应急响应

（1）事件影响扩大时，总值班调度长视情况通过应急指挥平台启动应急预案，必要时发布线网运营组织调整命令；线网调度员 2 发布相关应急预警信息，线网各层级按照二级应急预案、三级现场处置方案开展各项应急处置工作。

（2）当运营线路因自然灾害、公共卫生事件、社会安全事件出现设备设施故障、大面积影响行车和客运服务的情况时，及时掌握和通报影响情况，同时根据实际情况命令有关 OCC 启动相应的应急响应和应急预案，并做好跟进及信息续报工作。

（三）指标审核

应急处置完毕后，总值班调度长对故障造成的影响、应急处置结果、后续措施等关键信息进行全面了解和确认，重点审核行车指标的统计，同时了解舆论、舆情情况。

八、线路发生重大故障应急处置

线路发生重大故障时，由 OCC 负责具体应急指挥，需跨分公司协同处置的设施设备故障时，由 NCC 负责具体应急指挥。NCC 负责整个应急处置过程的跟进、监视，传达部署上级指令及对外信息收发，负责线网层面的协调指挥及对外联络协调。线路发生重大故障应急处置流程如图 10-5 所示。

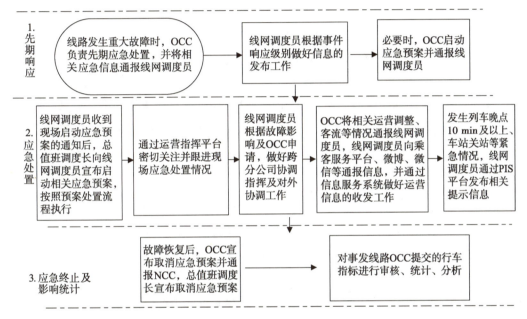

图 10-5　线路发生重大故障应急处置流程

（一）先期响应

（1）线路发生重大故障事故时，OCC 负责先期应急处置，并将相关应急信息通报 NCC，线网调度员 1 通过运营指挥平台密切关注现场应急处置情况。

（2）必要时，OCC 向 NCC 申请启动应急预案，NCC 总值班调度长审批同意，并向上级领导请示。

（3）NCC 线网调度员 2 做好信息的发布工作。

（二）应急处置

（1）故障影响持续扩大需跨分公司协同处置时，NCC 负责具体应急指挥及对内、对外联络协调工作。

（2）线网调度员 1 负责接收上级相关指令，通过通信系统及应急指挥平台传达相关指令至相关线路 OCC，并部署相关应急处置工作。

（3）线网调度员 2 须通过信息服务系统做好运营信息的收发工作。

（4）线网调度员 1 须通过运营指挥平台做好应急处置的跟进工作。

（三）应急终止及影响统计

（1）故障恢复后，NCC 总值班调度长宣布取消应急预案。

（2）运营结束后，总值班调度长需对事发线路 OCC 提交的行车指标进行审核、统计、分析。

九、线网突发治安事件应急处置

线网发生突发治安事件时，NCC 按照事件级别及时成立应急指挥部，启动线网突发治安事件应急预案，传达部署应急指挥部指令，具体负责应急处置指挥、信息发布、内外联络协调工作，各 OCC 根据 NCC 指令做好行车、客运组织工作。线网突发治安事件应急处置流程如图 10-6 所示。

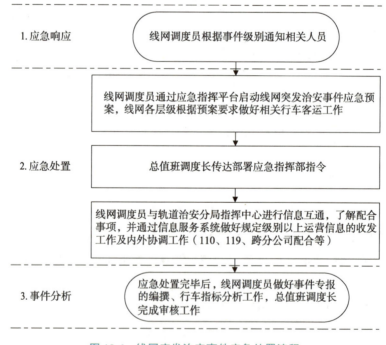

图 10-6 线网突发治安事件应急处置流程

（一）应急响应

总值班调度长收到上级指令或现场反馈发生突发治安事件时，根据事件级别及时成立应急指挥部，通过电话通知相关人员。

（二）应急处置

（1）总值班调度长通过应急指挥系统启动线网突发治安事件应急预案，线网各层级根据预案要求做好相关行车客运工作。

（2）NCC 线网调度员 2 与轨道交通治安分局指挥中心通过电话进行信息互通，了解需要配合的事项。

（3）总值班调度长传达部署应急指挥部指令，各 OCC 根据 NCC 下发的指令做好现场应急处置工作。

（4）线网调度员 2 通过信息服务系统做好运营信息的收发工作。

（5）线网调度员 1 做好内外协调工作（110、119、轨道交通治安分局等）。

（6）需要对线网运营方案调整时，由线网调度员 1 与相关 OCC 沟通协商后拟订初步方案，经总值班调度长审核后实施。

（三）事件分析

应急处置完毕后，线网调度员 1 牵头做好事件专报的编撰、行车指标分析工作，总值班调度长做好事件专报的审核工作。

十、应急演练组织

通过 NCC 系统应急指挥平台"预案培训演练管理"功能，编写、下发演练计划，实现演练方案的实训演练，同时对培训演练过程及相关数据进行管理，实现应急演练组织的信息化，其基本流程如下：

（一）计划编制

NCC 工程师根据线网应急演练方案（NCC 与 OCC 协同演练）、运管中心及部门演练计划，提前制订当月演练计划，必要时编制细化演练方案，同时在应急指挥平台"预案培训演练管理"模块中编辑下发演练计划。

（二）演练组织

（1）与 OCC 协同开展演练时，NCC 与相关 OCC 提前熟悉演练方案，各方提前做好演练准备及协调事项，落实演练评估事宜。

（2）NCC 自主组织的常规演练由各调度班组按照计划实施，各调度班组利用班前或班中时间，通过应急指挥平台开展应急演练工作。总值班调度长通过应急指挥系统，实景模拟启动预案，线网调度员 1 下发应急处置关键措施并监督执行情况，线网调度员 2 负责信息发布、内外协调等各项工作。

(三) 演练评估

NCC 工程师通过应急指挥系统的演练过程记录，对各调度班组应急演练过程中预警信息发布、预案启动、预案措施下发、应急信息发布、演练终止等各个环节进行总结、分析、评价，在月度工作总结中进行体现。

技能实训

实训 1　公交接驳演练

1. 实训内容

模拟正常运营时发生区间运行列车火灾,部分区段达到公交接驳启动条件,NCC启动公交接驳。

2. 实训目标

要求学员熟练掌握调度人员在运营事件出现时,对公交接驳的启动条件和启动程序。

3. 实训方法

演练脚本:09:00 4号线设调向线网调度员报,因P路下行出站1903次0405车列车火灾,OCC值班调度长向NCC总值班调度长申请S站至T站公交接驳。

实训 2　突发大客流演练

1. 实训内容

模拟运营期间,车站出现大客流,广济路OCC向NCC申请启动线网级大客流管控,NCC总值班调度长向各OCC部署大客流管控措施。

2. 实训目标

要求学员熟练掌握调度人员在突发大客流时的相关客流管控工作内容和要求。

3. 实训方法

演练脚本:20:30 1、5号线设调报线网调度员,1、5号线×站客流较大,车站已启动突发大客流应急预案。

演练评分表如表10-1所示。

表 10-1　演练评分表

考评项目	分值	评价标准	得分
应急演练	100	1. 演练过程中，对预案和现场处置方案关键内容掌握不够清楚，未掌握1个知识点。（扣5分）	
		2. 收到其他岗位的故障应急信息后，未进行信息内容确认和判断。（扣2分）	
		3. 信息收发产生错误，存在可能造成影响的。（扣10分）	
		4. 应急处置中，信息未及时通报相关岗位或上报上级领导，造成信息中断或失真的。（扣5分）	
		5. 应急处置中，有较大影响事件处置疏漏的。（扣10分）	
		6. 其他未严格执行规章预案内容和流程。（每次扣2分）	
		7. 未确认现场故障修复或现场紧急情况消失等应急响应终止条件，就上报有关信息或宣布应急终止的。（扣5分）	
		合计	

➢ 初级

1. 大客流根据产生形式分为_____、_____，根据影响范围分为_____、_____、_____。
2. 突发大客流包括_____和_____。
3. 突发大客流分级管控分别为_____、_____、_____。
4. 汛期防洪响应终止条件是什么？
5. 《运营公交接驳应急预案》中 NCC 的职责有哪些？
6. 突发大客流处置中 NCC 的职责是什么？

➢ 中级

7. 运营突发事件综合应急预案中，突发事件信息源有哪些？
8. 突发事件报告的基本原则是什么？
9. 应急响应变更及终止的条件是什么？
10. 日常应急信息管理包含哪些内容？
11. 应急响应的流程是什么？

➢ 高级

12. 线网应急会商的流程是什么？
13. 线网大客流监督管控与应急处置的主要流程是什么？
14. 遇恶劣天气情况时，NCC 需要做哪些应对工作？
15. 自然灾害、公共卫生、社会安全事件突发时的应急处置流程是什么？
16. 运营设施设备严重故障时的应急处置流程是什么？
17. 突发治安事件应急处置的流程是什么？
18. 应急演练组织的基本流程是什么？

项目十一　线网对内、对外联络协调

了解线网对内、对外联络协调部门。

掌握线网对外联络协调工作流程。

◆ 知识学习

一、线网对内联络协调

NCC 对内联络协调主要包括线网相关部门、OCC、运营各分公司相关部门、相关施工单位等的联络协调，如图 11-1 所示。

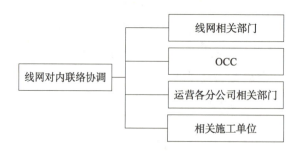

图 11-1　线网对内联络协调部门

苏州轨道交通线网已初具规模，运营组织管理从单线转向多线综合运营，形成运行组织多样化、设备制式多样化的网络化运营新局面。NCC 对内联络协调可统一协调线、网间关系，实现线网运营的有效性、安全性和可靠性，实现网络化运营的效益最大化。

在正常情况下，NCC做好对内联络协调工作，确保线网运营有序；在应急情况下，NCC承担各OCC之间的协调联络工作，确保线网应急指挥的高效有序。

二、线网对外联络协调

NCC对外联络协调主要包括与其他交通单位、市交通局、轨道公安、市应急联动部门等的联络协调，如图11-2所示。

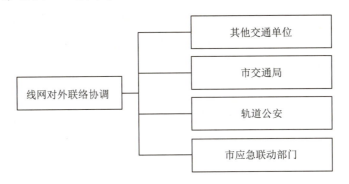

图11-2 线网对外联络协调部门

当发生自然灾害、事故灾难、公共卫生事件、社会安全事件等突发事件时，运营需要外单位（含轨道公安、公交公司、卫生防疫部门等）协助处理时，由NCC统一负责联系。

对外联络协调基本流程如图11-3所示。

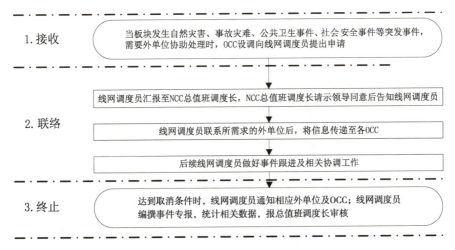

图11-3 对外联络协调基本流程

技能实训

实训 NCC 对内、对外联络协调演练

1. 实训内容

5 号线调度员报：13：47 1709 次 0533 车在劳动路下行线出站 20 m 处发现隧道结构漏水严重，请写出 NCC 处置流程。

2. 实训目标

要求学员熟练掌握调度人员在事件处置过程中必要的对内和对外联络协调作业程序和要求。

3. 实训方法

要求学员正确、详细、清晰地阐述在上述实训场景下 NCC 的处置流程。

项目训练

1. 线网对内联络协调主要包括哪些?
2. 线网对外联络协调主要包括哪些接口单位?
3. 当运营需要外单位协助处理时,处置的基本流程是什么?

部分参考答案

项目一

项目训练

1. 移动闭塞法、进路闭塞法、区段闭塞法、电话闭塞法

2. 通过信号系统自动排列进路、人工通过信号系统办理进路、人工现场办理进路

3. 信号机、道岔、进路

4. 车辆段（场）出入线、联络线、折返线、停车线、渡线、安全线

5. 车辆限界、设备限界和建筑限界

6. 常用制动、快速制动、紧急制动、停放制动

7. 车站级自动控制（信号系统发送开关门命令）、站台端头 PSL 控制、车站 IBP 控制、滑动门 LCB 控制、滑动门手动控制

8. 平开式、升降式

9. 信号机、转辙机

10. 正常工况、火灾工况、紧急工况、阻塞工况

11. 同车站平行换乘、同站台平面换乘、站台上下平行换乘、"十"字形、"T"形、"L"形、"H"形

12. 移动闭塞法：信号系统移动闭塞控制级别功能正常时，根据移动闭塞信号系统原理自动控制列车运行。

进路闭塞法：移动闭塞信号系统由连续式控制级别降为点式列车控制级别或车载无线设备故障时。

区段闭塞法：当信号系统轨旁 ATP 设备故障且升级点式列车控制级别失败、切除车载 ATP 的列车、非装备列车（含工程车）运行时，以及行调认为有必要时。

13. 电话闭塞法的启动条件：

（1）正线全线或单个联锁区信号出现联锁故障时。（连续 3 个及以上车站信号联锁故障）

（2）联锁站或设备集中站管辖区域全部紫光带故障，行调组织预复位及压道后仍然包含连续 3 个及以上车站区域（含区间）故障时。若信号系统上道岔位置显示正常，则不需要下线路钩锁道岔，只需将道岔单独锁定在正确位置。

（3）行调认为有必要的情况。原则上应优先采用高级别的行车闭塞法组织行车。

14. 方式：通过信号系统自动排列进路、人工通过信号系统办理进路、人工现场办理进路三种方式。

基本原则：优先使用级别高的方式办理进路；人工通过信号系统办理进路或人工现场办理进路时，必须以列车为参照物按照"由远及近"的顺序进行的进路排列或道岔操作；道岔故障情况下，应优先考虑使用变更进路组织行车。

项目二

项目训练

1. 进路元素的可行性检查、进路元素的征用、进路监控及开放信号
2. 进路的排列条件已满足；进路的道岔无挤岔、转不到位或连接中断的故障
3. 平开式、升降式
4. 控制中心、车站、就地
5. 滑动门、固定门、应急门、端门
6. 自动唤醒、远程人工唤醒、就地人工唤醒
7. 自动休眠、远程人工休眠、就地人工休眠
8. 未与信号通信上的车
9. 自动驾驶、ATP 监督下人工驾驶、站台端头操作 PSL（就地控制盘）
10. 引导层、移动闭塞层、主信号层
11. 主变电所、控制中心、车场
12. 电力监控系统（PSCADA）、环境与设备监控系统（BAS）
13. 车辆的运行信息、故障信息
14. 上一个信号机、本站的出站
15. 故障-安全
16. 列车正常解锁、人工取消进路、区段强行解锁
17. 挤岔恢复、转换道岔
18. 进路中的道岔没有被锁定或锁闭在相反的位置上、进路中的轨道区段（道岔区

段）没有被封锁、进路中的轨道区段（道岔区段）没有被反方向进路征用、与相邻联锁通信正常（只适用于排列跨联锁区的进路）、防淹门打开且未请求关闭、与车场的照查功能正常（回场进路）

19. 降低列车最高运行速度、降低牵引力和制动力

20. 列车具备以 FAM-CBTC 运行的状态，列车综合自检将无法通过

项目三

技能实训

一名行调（行调1）负责某站异物处置点应急指挥，向设调、调度长通报信息，跟进故障处置，做好车站人员与抢修人员下轨行区的安全把控，协助另一名行调进行行车调整；另一名行调（行调2）负责故障区域的行车调整，包括两端站按图发车、备车司机上备车、通知司机和车站晚点信息、组织交路运行等。两名行调相互配合、加强沟通。

项目训练

1. 夜间施工组织，施工组织；次日运营前检查、早间按图行车，早间按图行车

2. 夜间施工组织，施工组织；次日运营前检查、早间按图行车

3. 运调1、2；运调4、5；运调2、3、4

4. 夜间施工组织；次日运营前检查

5. 施工、过线、套跑，需发布的调度命令

6. 故障（事故）点的处理；故障（事故）点外的列车运行调整，列车晚点信息

7. （1）行调1主要负责列车运行控制，接听列车司机的呼叫，向列车司机发布相关行车指令。

（2）行调2主要负责监听有线调度电话，接听车站、车场、检调等呼叫，向车站、车场等发布相关行车指令及通报相关行车信息。

（3）行调2主持夜间施工组织，行调1协助行调2开展施工组织；行调1负责次日运营前检查、早间按图行车，行调2协助行调1早间按图行车。

8. （1）行调1、2主要负责列车运行控制，接听列车司机的呼叫，向列车司机发布相关行车指令。

（2）行调3主要负责监听有线调度电话，接听车站、车场、检调等呼叫，向车站、车场等发布相关行车指令及通报相关行车信息。

（3）行调3主持夜间施工组织，行调1、2协助行调3开展施工组织；行调1、2负责次日运营前检查、早间按图行车。

④ 三名行调之间互相配合、加强沟通，避免出现遗漏或重复作业，共同完成行车指挥工作任务。

9. （1）运调1、2负责统筹开展车辆段或停车场、第一联锁区生产运作，运调2负责车辆段或停车场夜间施工及配合运调4完成夜间正线施工作业。

（2）运调3负责第二、第三联锁区行车组织，负责正线早运营前检查，协助完成车辆段或停车场早出场组织。

（3）运调4、5负责统筹开展停车场、第四联锁区生产运作，运调4负责车辆段或停车场夜间施工及正线施工作业。

（4）运调6负责车辆调及乘客调岗位职责，协助运调5完成车辆段或停车场早出场组织。

（5）现场场调负责对每班作业计划进行预想，全面掌握车场施工、行车情况；接收OCC场调、行调发布的相关命令，执行并做好监控；办理B1、B2类施工请点、销点登记，登记后电话告知OCC场调；办理日常库内不动车的非运用车作业、临时下轨行区、防区内不侵入轨行区作业的请点、销点登记，登记后电话告知OCC场调；运营结束后，按照OCC场调授权命令批准授权区域内库内不动车的非运用车作业的请销点工作；办理C1、C2类施工请点、销点登记及审批；根据OCC场调命令，远程设置/撤除SPKS防护；需要场调签字的交接单等由现场场调根据OCC场调命令签字；应急情况下，作为先期现场负责人前往现场处置；根据OCC场调命令，借出、收回相应编号的铁鞋；窅口现场场调负责后备控制中心的值守等。

（6）车辆段或停车场故障，不影响正线运营时，由运调1、2负责；车辆段或停车场故障，不影响正线运营时，由运调4、5负责；正线4个联锁区内小故障，由运调2、3、4负责各自联锁区，运调3主导；正线及场段均故障时，优先处置正线故障；正线大面积故障或影响全线、局部的故障时由值班调度长统筹分工。

（7）原则上信息发布按区域及职责分工负责。

（8）特殊情况下，根据当天实际生产任务，由值班调度长统筹安排人员分工。

10. （1）生产情况及重要交班事项。

（2）未闭环需跟进的故障或事项。

（3）安全工作及注意事项。

（4）调度长布置当班工作：

① 调度长对交班事项、生产运作要求及变更进行传达，对知识点解惑答疑，确保调度员了解交班背景及原因。

② 开展班组安全教育、布置当班重要工作：（a）重要工作（如一级保障、重要接待、专列、演练及测试项目等）；（b）近期国内外安全事件，疫情防控要求等；（c）近期违章违纪事件；（d）季节性（含恶劣天气）、阶段性易发、频发故障、事件等。

（5）抽问调度员"学一条、背一条"相关业务知识。

11. 白班。

（1）完成班前作业准备。

（2）填写各类交接台账及记录本。

（3）监控正线车站及列车客流情况。

（4）遇线路运营突发事件影响线路运行时，经值班调度长审核同意后发布线路运营信息；督促车站做好现场客流组织及相关工作记录，协助完成事件专报及运营日报。

（5）整理本班工作记录，填写交接班记录本，与夜班乘客调做好交接班。

夜班。

（1）完成班前作业准备。

（2）填写各类交接台账及记录本。

（3）监控正线车站及列车客流情况。

（4）遇线路运营突发事件影响线路运行时，经值班调度长审核同意后发布线路运营信息；督促车站做好现场客流组织及相关工作记录，协助完成事件专报及运营日报。

（5）及时做好运营前准备工作。

（6）整理本班工作记录，填写交接班记录本，与白班行调做好交接班。

项目四

项目训练

1.（1）行调确认相关车站施工全部销点、工程车/调试车已离开有岔站信号系统规定所属管辖范围（若工程车/调试车正线过夜，工程车/调试车需到达指定过夜地点且后续不再移动，检查施工调度系统或施工相关台账），通知有岔站测试 LOW/LHMI，设备正常收回控制权后行调测试 HMI、CLOW/CHMI（包含确认道岔、信号机、计轴区段、限速值等状态符合运营要求）。

（2）与电环调确认接触网带电状态。

（3）检查列表中全部《运营时刻表》均已加载并确保当日时刻表正确激活、计划线齐全。

（4）测试 ISCS、有线调度台、无线调度台、800M 无线手持台等设备状态。

（5）确认列车出场顺序表。

（6）准备或授权车站准备上下行压道车运行进路。

（7）与车站、车场核对内容：当前时间、当日《运营时刻表》《运营前准备工作检查记录表》中各项检查情况。

2. 当前时间、当日《运营时刻表》

3. 运营前检查

4. 自动驾驶（FAM、AM）、ATP 监督下人工驾驶，非限制人工驾驶、远程蠕动、远程限制运行

5. 场调

6. 限界条件

7. 发车线路、接车线路

8. 站台门

9. 由远及近

10. 一次

11. 严禁退行

12.（1）通过 HMI、施工调度系统查看夜间施工已全部销点、线路出清、时刻表加载情况、信号设备正常。

（2）通过调度电话向车站发布调度命令：各有岔站强行站控（非请求站控），测试 LOW/LHNI，将设备恢复至运营状态，并排列上下行压道车进路，操作完毕后，上交控制权（请求中控）。

（3）通过施工调度系统（调度电话）确认车站运营前检查结束后，与场调、电环调确认相关行车设备是否正常。

（4）运营前检查填写完毕，向两端站发布调度命令：解除管辖区域内封锁防护。

（5）向场调发布调度命令：正线涉及转换轨施工已全部结束，××车辆段/车场可以撤除防护；正线线路已出清，接触网已带电，正线具备接车条件。

13. 答案略。

14. 答案略。

项目五

技能实训

实训 2

a. 故障信息汇报。

b. 组织故障车切除 ATP，以区段闭塞法运行至终点站退服。

c. 组织前车多停。

d. 通知车站故障信息，配合开关站台门。

e. 发布晚点信息。

f. 组织备车。

实训4

a. 了解故障屏蔽门位置,预计处理时间,通知车站抓紧时间处理,报调度长、设调、驻调。

b. 后车扣车关自排,前车多停。

c. 将CCTV调至现场,并利用ISCS查看屏蔽门状态。

d. 通知有岔站解道岔,组织备车司机上备车。

e. 车站处理时间较长或无法处理,通知车站操作互锁解除,并通知全线司机:因××站屏蔽门故障,××站上行采用互锁解除接发列车。

互锁解除操作无效时,对全线司机发令:因××站屏蔽门故障,全线列车在××站上/下行降级RM模式进出站,出站后尽快升级CTc,并发布越红命令:准××次越过××信号机红灯。

f. 列车延误90 s的处置:提醒司机晚点情况,并通知后续车站做好乘客引导,需在系统及《行车设备故障及延误登记簿》登记。

g. 通知车站晚点信息,并利用备车进行调整。

h. 将故障信息填写在《综合日志》。

i. 必要时可组织两端站列车早发。

实训5

(1) 某车站因大客流申请关站。

a. 接报后,询问车站关站原因,报调度长、设调。

b. 将CCTV调至现场。

c. 调度长同意后通知车站可以关站,并通知全线司机在××站跳停;在信号系统上设置跳停;若无法在信号系统上设置跳停,通知司机在站不要开关门,凭推荐速度动车;若无推荐速度,司机以SM模式小动。

d. 通知全线各站、邻线调度、驻调。

e. 将关站信息填写在《综合日志》。

(车站开站后,再通知司机取消跳停)

(2) 运营期间,3名专业人员申请进入区间泵房。

a. 相关人员到车站向行调办理请点手续。

b. 行调报设调、调度长、驻调。

c. 与设调确认抢修人员数量、泵房所在区间、待令站台及人员就位情况。

d. 与设调协商好运送人员的列车车次后,通知司机准××站上/下行××次以SM模式将××人员带至××区间泵房处。

e. 将CCTV调至相关站台。

f. 根据现场情况前车多停,后车扣车,调匀行车间隔,视情况组织运送人员的列次早发。

g. 相关人员处理完毕后和设调协商好接载的列车车次,通知司机准××站上/下行×次以 SM 模式运行至××处，将××人员带至××站。

h. 若有晚点情况，及时向车站及设调发布晚点信息，列车延误 90 s 的处置：提醒司机晚点情况，并通知后续车站做好乘客引导，需在系统及《行车设备故障及延误登记簿》登记。

i. 在综合日志上进行记录。

（3）某车站报区间进人。

a. 向车站了解具体情况（上行/下行、是否为工作人员、任务特征）。

b. 报值班调度长、设调、通知全线列车司机、视情况通知邻线调度。

c. 通知两端车站派人把守两端端门，派人随同公安登车查看。

d. 通知上下行列车司机限速 25 km/h 运行，加强瞭望。

e. 前车多停，后车扣车。

f. CCTV 调至相关事发车站。

g. 后续发现人员，添乘人员将人带至下一站处理，未发现人员，通知后续 2、3 辆车分别限速 25 km/h、45 km/h 继续查找。

h. 依然未发现，通知全线列车恢复正常运行，加强瞭望，相关车站继续把守端门，通知公安和专业人员进入区间泵房、设备房查找。

i. 若有晚点情况及时向车站及设调发布晚点信息，视情况组织两端站早发，通知备车司机上备车进行替开。

j. 将故障信息填写在《综合日志》。

k. 列车延误 90 s 的处置：提醒司机晚点情况，并通知后续车站做好乘客引导，需在系统及《行车设备故障及延误登记簿》登记。

（4）某站紧停触发。

a. 发现或接报车站紧停触发后，了解紧停触发原因，通知车站确认站台安全后抓紧时间恢复；将故障信息报调度长、设调、驻调。

b. 后车扣车并自排，前车多停。

c. 将 CCTV 调至现场。

d. 通知有岔站解道岔，组织备车司机上备车。

e. 紧停无法取消：与车站确认站台安全后，通知全线司机：因××站上/下行紧停触发无法取消，全线列车在××站上/下行降级 RM 模式进出站，出站后尽快升级 CTC 模式，运行过程注意站台安全，并逐一发布越红命令。

f. 列车延误 90 s 的处置：提醒司机晚点情况，并通知后续车站做好乘客引导，需在系统及《行车设备故障及延误登记簿》登记。

g. 发布晚点信息，并利用备车进行调整。

h. 必要时可组织两端站列车早发。

i. 将故障信息填写在《综合日志》。

项目训练

1. 自××时起，××（处）至××（处）上（或下）行线列车限速×× km/h 运行

2. 严禁退行

3. 准××次××站（或站至站）跳停，××站投入载客服务

4.（1）列车担任救援列车时，原则上在故障点前一站组织清客，空车担任救援。

（2）列车不能继续维持运营时清客，空车下线。

（3）因调整列车运行，在小交路折返时组织清客或上下客。

（4）当电客车发生爆炸、火灾等危及到乘客人身安全的紧急情况时，在车站立即组织清客。

5.（1）在行车工作中，如因车辆、设备故障、事故及客流突变等造成运行晚点或特殊原因需要时，准许电客车跳停，行调应及时通知司机和相关车站。

（2）《运营时刻表》中没有规定跳停车站或无行调命令，司机不得驾驶电客车跳停。

（3）不影响后续列车正点运行或折返后能够正点始发的晚点列车，原则上不得跳停。

（4）末班车不得办理跳停作业。

（5）原则上不准两列及以上客运列车在同一车站连续跳停。

（6）始发站原则上不准两列及以上客运列车连续排空。

（7）组织 CTC 列车跳停时，原则上应使用信号系统提供的功能进行设置，司机凭车载推荐速度驾驶列车跳停。组织降级电客车或工程车跳停时，司机凭地面信号显示人工驾驶列车跳停。

6. 答案略。

7. 始发站

8. 完全小交路折返、间隔小交路折返

9. 折返点前一个站台

10. 列车退行的组织规定：

（1）列车因故在区间停车需要退行时，司机必须及时报告行调，在得到行调的命令后方可退行，行调应及时通知有关车站。

（2）列车退行进入车站时，司机须换端驾驶，车站接车人员应于进站站台端处显示引导信号，列车在进站站台端外必须一度停车，确认引导信号正常方可进站。

（3）退行列车到达车站后，司机应及时向行调报告，同时根据行调的命令处理。

11. 列车反方向运行的组织规定：

（1）在电客车无车载 ATP 保护情况下，除开行救援列车外，载客电客车不允许反方向运行。

（2）在电客车车载 ATP 正常且须反向运行时，须通过信号系统排列进路，列车根据车载 ATP 允许速度以 ATP 监督下人工驾驶模式运行。

（3）工程车在明确行车计划和进路排列好的情况下方可反方向运行。

（4）反向运行区域轨旁 ATP 故障且必须反向运行时，司机按照安全级别由高到低的顺序选择驾驶模式。

12. 电子锁定、关闭自排或追踪功能、人工排列

13. 移动闭塞信号系统由连续式控制级别降为点式列车控制级别或车载无线设备故障时；当信号系统轨旁 ATP 设备故障且升级点式列车控制级别失败、切除车载 ATP 的列车、非装备列车（含工程车）运行时；行调认为有必要时

14. 停车手信号、立即停车

15. 超速、无线通信瞬时丢失、定位瞬时丢失、车门监督

16. （1）电客车进站停车，当未到停车标停车时，司机确认运行无异常后，根据具体情况选择驾驶模式动车对位。

（2）列车冲标 3 个车门以下时，司机汇报行调后根据冲标距离自行选择驾驶模式后退对标，并及时对车厢广播安抚乘客。如需降级或切除车载 ATP 后退时，须得到行调同意，行调同意列车切除车载 ATP 后退前，应对后车采取安全防范措施。

（3）当越过停车标 3 个车门及以上时，司机报行调，按行调指示执行。如电客车不开门继续运行至前方站时，行调应通知前方站做好乘客服务、维持好站台秩序。同时，司机应及时对车厢广播安抚乘客。

17. （1）有计划组织区间乘客疏散时，必须等车站人员到达现场再开始疏散乘客；发生危及乘客安全的情况时，司机须立即组织乘客疏散同时报告 OCC。

（2）执行区间乘客疏散时，车站安排人员把守区间两端，有条件的情况下，尽可能在联络通道、联络线等区域把守。

（3）乘客疏散路径途经联络通道时，邻线列车须限速 25 km/h 运行，并加强瞭望。

（4）乘客疏散路径途经联络线时，另一条线路相应线路须中断列车运行。

（5）因危及乘客安全而紧急疏散时，或上下行线共用疏散平台时，或乘客疏散路径途经渡线、存车线时，必须同时中断上下行线行车。

项目六

技能实训

表 6-2 主要问题：

（1）保护区域冲突，A1 类施工保护区域一站一区间。

（2）停电区域冲突，A1 类施工作业防护区域也需停电。

（3）A1 类施工作业区缺少乐桥单度线。

表 6-3 施工计划错误如下：

日期	申请单位	时间	施工内容	施工地点	停电区域	配合要求	安全措施	备注
2018.3.3	工务一车间	00:30—04:00	正线吊装钢轨	木渎—相门上下行线，钟南街存车线I道，木渎交叉渡线，苏州乐园折返线II道，广济南路停车线，乐桥单渡线，天平车辆段：L1、L2道	A1～A5，B1～B5，C1～C2，D1～D2停电	设备车间：需设备车间提供乘务；工程车作业；一车间：过程中需工程车司机配合作业	现场派专人防护，现场做好防滑溜措施	主站：木渎，车辆编组：工程车编组（两机车+平板车）
2018.3.3	轨道退检工班	00:15—04:00	正线人工巡检-双日检	星湖街钟南街上下行线，钟南街存车线II道，钟南街存车线I道	无	无	作业人员穿荧光衣、劳保鞋，安全帽	主站：钟南街
2018.3.2	工务通道中心工务一车间	23:40—03:40（次日）	钢轨铝热焊接	东方之门—南施街下行线	无	通号一车间：作业过程中需通号部门确认轨道状态；	作业人员穿荧光衣、劳保鞋，戴安全帽	主站：星湖街，需电环调配合开启隧道通风

少出人段线

停电区域错误

应申报A2

1A1-03-001

1A2-03-001

1A3-03-001

表 6-4 施工计划错误如下：

日期	编号	施工单位	时间	施工内容	施工地点	与A1防护区域冲突	无停电防护区域	防护措施	主站
2018.8.8	2A1-08-001	工务通号中心二车间工务二车间道岔外工委工班	00:20—03:50	钢轨装卸	骑河—大湾上下行线，高铁苏州北站折返线Ⅱ道，高铁苏州北站折返线Ⅰ道，高铁苏州北站单渡线，高铁苏州北站出段线，富翔路出入段线，骑河交叉渡线，富翔路折返线	A1~A2, B1~B2, C1~C3 停电	设备车间：提供工程车；乘务二车间：提供工程车司机	作业人员及所持工器具、材料、零部件等与接触网之间的距离大于1 m	主站：富翔路，工程车编组：1机车+2平板车(带斜吊)+1机车。工程车自大平车辆段出回场
2018.8.8	2A2-08-001	信号二班	00:00—03:30	道岔S700K月检	富元路—桑田岛上下行线，松涛街单渡线，桑田岛折返线Ⅰ道，桑田岛折返线Ⅱ道，桑田岛折返线单渡线，桑田岛出段线，桑田岛入段线	无	无	作业人员穿劳保鞋、戴安全帽、持手电筒等	主站：尹山湖
2018.8.8	2A3-08-002	ATS工班	00:05—03:30	信号检修	桑田岛站	无	无	施工期间全线灰显，现场信号机点灯，作业完成后恢复	主站：桑田岛

（A3类施工对A1类施工有影响）

项目训练

1. A

2. 双周计划

3. 降低或终止行车条件、妨碍行车安全的施工

4. 影响正线及其辅助线行车；影响车场行车

5. 规定时间、大于等于两站两区间

6. 调度命令、解除出清区域路径占用

7. 行调和值班调度长共同，相关线路行调，行调、场调

8. 2

9. 人、车、电

10. 行调、副值班调度长

11. 行调、值班调度长

12. 周期性计划、临时计划

13. （1）在系统中草拟调度命令（或自动生成后完善相关内容）。

（2）一名行调确认后签名（确认内容：命令内容、受令及抄知处所、哪一岗位交司机、线别、调度代码、备注等），对于涉及另一条线路的调度命令，由另一条线路行调会签。

（3）行调双人确认调度命令无误后发送给各受令端。

（4）确认各受令端已接收调度命令，调度命令发布完成。

14. 答案略。

15. 答案略。

项目七

技能实训

场景1　处置关键点：

（1）通知相关专业人员及车站确认：防淹门信号显示故障，现场正常。

（2）故障信息汇报调度长、设调、电环调。

（3）通知场调正线故障情况，做好早发车预想。

（4）组织列车降级越红通过故障区域。

（5）配合组织抢修人员，利用行车间隔下线路处理。

（6）发布晚点信息。

场景2　处置关键点：

（1）报调度长、设调、驻调，故障区域中的 NRM 模式列车立即呼停。

（2）确认相关列车的位置，通知相关有岔站强行站控，对故障区段执行预复位。

（3）前车多停，后车通过扣车、多停、小交路等手段让故障区域列车行车间隔保持在一站一区间以上。

（4）确认完故障区域列车，行车间隔满足一站一区间后，800M群呼司机RM模式动车，同时通知车站开放引导信号，如遇红灯可联系行调，由行调授权越红。

（5）当预复位区段再次变为紫光带时，及时通知车站再次执行预复位。

（6）通知相关车站解道岔，备车司机上备车。

（7）故障区域外，根据具体情况组织间隔小交路运行或备车替开。

（8）向相关车站、设调发布晚点信息。

（9）列车延误90 s的处置：提醒司机晚点情况，并通知后续车站做好乘客引导，需在系统及《行车设备故障及延误登记簿》登记。

（10）综合日志进行记录。

（11）如果压道后仍然包含3个及以上车站紫光带，按电话闭塞法处理。

场景3　处置关键点：

（1）确认异物位置、材质、大小，是否影响接触网，是否影响行车，是否具备通过条件。

（2）组织后续列车待令。

（3）组织列车降单弓通过异物处。

（4）组织车站做好异物处理准备至相应端门处待令。

（5）利用行车间隔，组织车站人员（抢修人员）下线路处理异物。

（6）发布相应晚点信息。

（7）视情况备车替开，晚点列车依次替开。

（8）处理完毕，确认线路出清、设备正常，确认后续行车限制条件。

场景4　处置关键点：

（1）确认积水点具体位置（百米标）、积水深度及长度、上涨趋势、积水来源。

（2）组织车站下线路查看邻线情况。

（3）故障信息汇报。

（4）灵活组织列车压道。

（5）划定抢修区域，采用中断抢修，设置相应防护。

（6）通知各场调整备车出场，进行调整。

（7）组织交路调整、公交接驳。

（8）积水处理完毕，确认线路出清、设备正常，确认后续行车限制条件。

（9）取消中断抢修，交路调整，组织按图发车。

场景 5　处置关键点：

（1）通知车站故障情况，通知故障道岔前列车待令，设置扣车防护。

（2）取消相应进路，关闭信号机自排。

（3）故障信息汇报。

（4）确认列车停稳，通知车站对故障道岔转换两个来回至任一位置并有表示，值站携带备品至相应端门待令，做好钩锁道岔准备。

（5）确认转换道岔无效，组织车站人员下线路钩锁。

（6）备车加开，晚点信息发布。

（7）钩锁完毕出清，组织故障岔前列车限速通过，后续列车依次放行，至木渎站下行折返。

（8）在狮子山站执行单列次小交路，木渎站下行进站晚点列车依次替开。

项目训练

1. 50 mm，10 mm

2. 正线联锁设备故障、中央 ATS 故障、ATP 故障、道岔故障

3. 一级、二级

4. 较大级大客流和重大级大客流

5. ITC 模式

6. 车站容纳能力和正线运输能力

7. 变更进路

8. 强行站控，列车到发点

9. 牵引、推进

10. 抢修区域、运营服务

11. 一个

12. 火灾发生时间、着火地点、火势情况

13.（1）故障列车司机应明确列车迫停地点，是否妨碍邻线，是否需要分步救援，以及其他特殊的救援要求。

（2）OCC 向相关故障列车及救援列车发布故障救援指令。

（3）OCC 向相关车站发布准备列车清客命令。

（4）OCC 根据影响程度调整列车运行。

（5）救援连挂完毕后，组织列车动车，恢复按图调车。

项目八

技能实训

列车运行图兑现率为 99.72%，列车正点率为 99.44%，总开行列车数为 359，加开列车数为 1，晚点 1 次，抽线 1 次，下线 1 次，清客 1 次，退出正线运营 1 次。

项目训练

1. 提早或延误误差小于或等于 2 min
2. 时刻表
3. 时间，距离
4. 一分格运行图、二分格运行图、十分格运行图、小时格运行图
5. 正常列车运行图、特殊列车运行图和演练列车运行图
6. 站列次偏离：列车实际运行过程中出现与计划偏离 2 min 以上的情况。
7. 统计期内，实际开行列车次数与列车运行图图定（计划）开行列车次数之比。（实际开行的列车次数中不包括临时加开的列车次数）
8. 统计期内，正点列车次数与实际开行列车次数之比。
9. 当日开行的列车总数，包括实际开行列车数和加开列车数。
10. 统计期内，根据实际需要开行的计划列车以外的列车数（包含空车）。
11. 统计期内无法实现按运行图组织行车而取消计划列车线。
12. 线路运送乘客总量，为线路进站客流、线路换入客流、线路途经客流的总和。
13. 在单位时间内，沿同一方向通过轨道交通线路某断面的乘客数量，即通过该断面所在区间的客流量，分为上行断面客流量和下行断面客流量。
14. 列车运行图兑现率、列车正点率、列车服务可靠度、列车退出正线运营故障率、总开行列车线、加开列车数、晚点、抽线、下线、清客、故障救援、退出正线运营。

15~17 题答案略。

项目九

项目训练

1. 线网运营日常生产运输组织信息、预警类信息、突发运营事件应急信息
2. 各运营单位内部流转信息、集团运营内部流转信息、对外信息
3. 一般、较重、严重、特别严重，蓝色、黄色、橙色、红色
4. 恶劣天气的种类、预警级别；可能的发生时间、影响范围、影响程度等

5. 列车晚点 10 min 及以上、车站关站、线路全部或局部中断

6. 信息服务系统、企信通、钉钉、PIS 平台、乘客服务平台等

7. 突发运营事件应急信息包括自然灾害、事故灾难、公共卫生事件、安全事件的应急响应及处置信息等。

8. （1）信息收集与研判。

NCC 根据收集到的关于突发运营事件相关信息，或通过线网指挥中心系统发现列车运行及车站运营秩序异常时，对事件产生的影响进行初步研判，并与事发运营单位所属 OCC 确认影响情况后，发布对外公告信息，向乘客做好解释说明，做好乘客服务。

（2）突发运营事件时对外信息发布条件。

① 发生列车晚点 10 min 及以上。

② 发生车站关站、线路全部或局部中断。

③ 发生突发大客流情况。

（3）突发运营事件对外公告信息发布要求。

① 信息发布顺序：官方微博、乘客服务平台、PIS 平台。

② 官方微博发布要求：线网调度员根据接报信息内容判断信息类别后，在 5 min 内将首条微博信息发出。

③ 乘客服务平台发布要求：在官方微博首条微博信息发布完成后，线网调度员应于 5 min 内完成乘客服务平台公告发布。

④ PIS 平台发布要求：列车延误 10 min 及以上时，在线网各站滚动发布；当发生紧急情况时在受影响车站全屏发布，在线网其他各站滚动发布；当发生大客流时，在事发车站非站台区域全屏发布，其余各处滚动发布；NCC 调度员在 15 min 内通过 PIS 平台向具备接收条件的车站发布相关提示信息；如系统故障或不具备发布功能时，及时通知设备所属 OCC 进行发布。

9. 突发事件报告的基本原则：快捷、准确、直报、续报。

10~11 题答案略。

12. （1）NCC 总值班调度长命令号码为 901~999。

（2）NCC 线网调度员命令号码为 001~099。

（3）NCC 线网调度员变电所倒闸命令号码为 401~499。

（4）NCC 线网调度工作票作业令号码为 601~699。

13~20 题答案略。

项目十

项目训练

1. 预见性大客流、突发性大客流,单个车站大客流、单条线路大客流、线网级大客流

2. 较大级大客流、重大级大客流

3. 单站级客流控制、单线级客流联控、线网级客流联控

4. (1)市政府发布汛情解除信息;(2)设备/设施恢复正常,可以恢复正常行车。

5. (1)负责与各外部单位接洽公交接驳用车。

(2)负责本预案的启动与终止。

(3)跟进现场处置情况,收集后续信息,进行信息续报。

(4)负责协调轨道公安做好接驳车站的秩序维护,协助疏散乘客。

(5)通过 PIS、微博等平台做好乘客乘车指引。

6. (1)负责根据相关规章要求向相关单位和领导汇报。

(2)根据现场实际情况,做好线网行车组织预想工作,发布运营调整命令,同时做好运营调整动态监控工作。

(3)与轨道公安分局、TOCC、公交公司等外部单位保持协调。

(4)必要时启动公交接驳,进行乘客疏散。

(5)做好各运营分公司之间的联络协调。

(6)向集团领导及轨道公安等上级部门汇报,视情况请求支援,并根据上级指令向相关 OCC 做好传达部署。

7. (1)各部门(中心)上报的信息。

(2)OCC/NCC 系统的相关信息。

(3)国家和政府相关部门发布的与城市轨道交通突发事件相关的公共事件的预警、报警信息,社会新闻信息,群众反映,天气预报等。

8. (1)当发生各类运营突发事件时,各运营单位涉事部门(中心)或现场人员应按有关规定立即报告事件情况。报告内容应包括时间、地点、现场情况、已造成的后果、信息来源等事件简要经过,后续对事件起因、事件性质、影响范围、发展趋势、处置情况、拟采取的措施及下一步工作建议应迅速核实并及时续报。如有条件,应提供事件现场相关照片或声像材料。

(2)当达到Ⅴ类及以上信息时,各运营分公司在进行内部流转的同时,须在 5 min 内通过电话、系统内渠道报告 NCC 并做好续报工作。NCC 接报后做好研判,对于部分重要Ⅴ类信息可升级到Ⅳ类进行发布。当发生Ⅳ类及以上运营突发事件(包括未对运营造

成影响的安全事件）时，各运营分公司涉事部门（中心）或现场人员应按有关规定立即报告事件情况。现场负责人到达现场 10 min 内向 OCC 进行信息通报，报告内容应包括时间、地点、现场情况、已造成的后果等，OCC 收到事件信息汇总后 5 min 内通报 NCC。后续对事件起因、事件性质、影响范围、发展趋势、处置情况、拟采取的措施及下一步工作建议，应迅速核实并及时续报。如有条件，应提供事件现场相关照片或声像材料。

（3）当达到Ⅲ类及以上信息时，受事件影响的各运营分公司提供重要紧急信息，相关信息由运营分公司领导审核后上报 NCC，NCC 按要求进行重大紧急信息报告。

（4）当达到Ⅰ、Ⅱ、Ⅲ类信息时，NCC 及时、准确、全面地了解事件情况，电话告知相关领导。必要时，NCC 应编写事件简要报告（事件基本情况、影响情况、应急响应措施、下一步举措等），经领导审核后以电话等方式通知 OCC。

9. NCC 持续关注事件影响变化情况，适时向上级应急管理部门提出调整响应级别的建议，根据应急指挥部命令及时变更响应级别，线网调度员及时通知相关线路 OCC 做好应急处置工作。相关威胁和危害得到控制、消除，应急处置工作完成，具备应急响应终止条件后，由应急指挥部根据上级指示或现场条件决定终止应急响应，转入正常工作。如有必要，继续进行监测、监控，及时报送相关信息，直至事件影响完全消除为止。

10~18 题答案略。

项目十一

技能实训

（1）NCC 收集信息，与 OCC 确认漏水是否位于接触网上、是否影响行车、是否发布抢修令。

（2）NCC 根据实际情况发布抢修及交路调整信息，并通过微信、微博发布相关舆情、舆论。

（3）NCC 电话报苏州市城市轨道交通突发事件应急指挥中心办公室。

（4）NCC 询问 OCC 故障是否影响接触网供电，处理时是否要求供电分区停电。

项目训练

1. NCC 对内联络协调主要包括线网相关部门、OCC、运营各分公司相关部门、相关施工单位等的联络协调。

2. NCC 对外联络协调主要包括与其他交通单位、市交通局、轨道公安、市应急联动部门等的联络协调。

3. 参见图 11-3。

附录　部分专业术语对照表

ABCU	Air Brake Coutrol Unit 空气制动单元
AC	Alternating Current 交流电
ACS	Access Control System 门禁系统
AFC	Automatic Fare Collection system 自动售检票系统
ALM	Alarm system 通信集中告警系统
AM	Automatic Mode 自动列车运行模式
AP	Access Point 无线接入点
ATC	Automatic Train Control 列车自动控制
ATO	Automatic Train Operation 列车自动驾驶
ATP	Automatic Train Protection 列车自动防护
ATR	Automatic Train Regulation 列车自动调整
ATS	Automatic Train Supervision 列车自动监控
BAS	Building Automatic System 环境与设备自动监控系统
CAM	Creep Automatic Mode 蠕动模式
CATS	Communication and Tracking System 应用服务器
CBI	Computer Based Interlocking 计算机联锁
CBTC	Communication Based on Train Control system 基于通信的列车控制系统
CCTV	Closed Circuit Television 闭路电视监视器
CISCS	Central Integrated Supervision Control System 中央综合监控系统
CLK	Closed Loop Controller 时钟系统
CTC	Continuous Train Control 连续式列车控制
DC	Direct Current 直流电
DISCS	Depot Integrated Supervision Control System 场段综合监控系统
DTO	Driverless Train Operation 有人值守的无人自动驾驶
DTRO	Driverless Train Reversal Operation 有人值守的无人自动折返驾驶
EMP	Emergency Stop Plunger 紧急停车按钮

续表

FAM	Fully-Automatic Train Operating Mode 全自动运行模式
FAS	Fire Alarm System 火灾报警系统
FG	Flood Gate 防淹门
FRM	Remote Restricted Train Operating Mode 远程限制运行模式
GW	Grounded Water Temperature Monitoring System 感温光纤系统
HMI	Human Machine Interface 人机界面/车载信号屏
HSOB	High Speed Operation Breaker 高速断路器
IBP	Integrated Backup Panel 综合后备盘
ISCS	Integrated Supervision Control System 综合监控系统
ITC	Intermittent Train Control 点式列车控制
LCB	Local Control Box 就地控制盒
LEU	Lineside Electronic Unit 地面电子单元
LHMI	Local Human Machine Interface 本地人机操作界面
LOW	Local Operator Workstation 本地操作工作站
M	Motor Car 不带受电弓的动车
MMI	Man-Machine Interface 人机界面/司机显示器
Mp	Motor Car With Pantograph 带受电弓的动车
NCC	Network Control Center 轨道交通线网指挥中心
NRM	Non Restrictricted Train Operation Mode 非限制人工驾驶模式
OBCU	On-Board Control Unit 车载控制单元
OCC	Operation Control Center 运营控制中心
ODBP	Operation Door Button in Platform 站台操作车门按钮
PA	Public Address System 广播系统
PDI	Platform Departure Indicator 站台发车指示器
PIS	Passenger Information System 乘客信息系统
PSCADA	Power Supervision Control And Data Acquisition 电力监控系统
PSC	Programable System Controller 中央控制盘
PSD	Platform Screen Door 站台门
PSL	Platform Side Lettering Control Panel 端头控制盘
RAUZ	Run Authorization Zone 运行授权区域
RM	Restricted Manual Driving Mode 限速性人工驾驶模式
SICAS	西门子信号系统

续表

SIG	Signal System 信号系统
SISCS	Station Integrated Supervision Control System 车站综合监控系统
SM	Supervised Manual Mode 列车运行监督模式
SPKS	Selective Protection of Key Sections 信号封锁
SPKS	Staff Protection Key Switch 人员防护开关
T	Trailer 无司机室拖车
Tc	Trailer Car 带司机室拖车
TCMS	Train Control Management System 列车控制管理系统
TGI	Train Graph Indication 列车运行图
TMM	Train Movement Monitoring 列车运行监视
TMS	Training Management System 培训管理系统
Trainguard MT	Siemens Moving Block based ATC System 西门子基于移动闭塞的 ATC 系统
TSR	Temporary Speed Restriction 临时限速
UTO	Unattended Train Operation 无人值守的全自动运行
VCU	Vehicle Control Unit 车辆控制单元
400 M/800M	400/800 MHz 无线手持台